누리는 기쁨, 문화 Pick! ①
내가 살고 싶은 집

지음 바바라 벡 | 옮김 조연진

펴낸날 2022년 4월 25일
펴낸이 김주한 | 책임편집 조연진 | 책임마케팅 김민석 | 디자인 권석연
펴낸곳 픽 | 출판등록 제406-251002015000039호
제조국 대한민국 | 사용연령 8세 이상
주소 (10881) 경기도 파주시 회동길 471(문발동) 몽스패밀리Bd. 302호

• 연습 구성 : 잇츠북 편집팀
• 94, 101, 117쪽 그림 : 인디

ISBN 979-11-92182-15-5 74540
ISBN 979-11-92182-14-8 74080(세트)

이 책을 무단 복사, 복제, 전재하는 것은 저작권법에 저촉됩니다.
※ 잘못된 책은 서점에서 바꾸어 드립니다.

Peak을 향한 **Pick**_픽은 〈잇츠북〉의 교양서 브랜드입니다.

◆ 건축 설계 맛보기 + 미래의 나의 공간 떠올리기 ◆

바바라 벡 지음 | 조연진 옮김

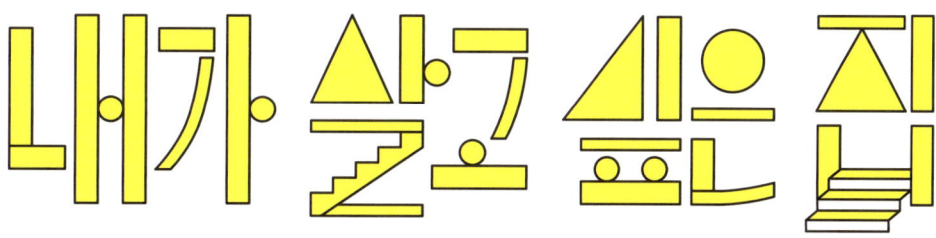

픽

The Future Architect's Handbook by Barbara Beck (ISBN 97810764351938)
Copyright © 2014 by Barbara Beck
All rights reserved.
Published under license with Schiffer Publishing, Ltd., through Greenbook Literary Agency.

Korean translation copyright © 2022 It's Book Publishing Co.

이 책의 한국어판 저작권과 판권은 그린북저작권에이전시영미권을 통한 저작권자와의 독점 계약으로 잇츠북에 있습니다.
저작권법에 의해 한국 내에서 보호를 받는 저작물이므로 무단 전재와 무단 복제, 전송, 배포 등을 금합니다.

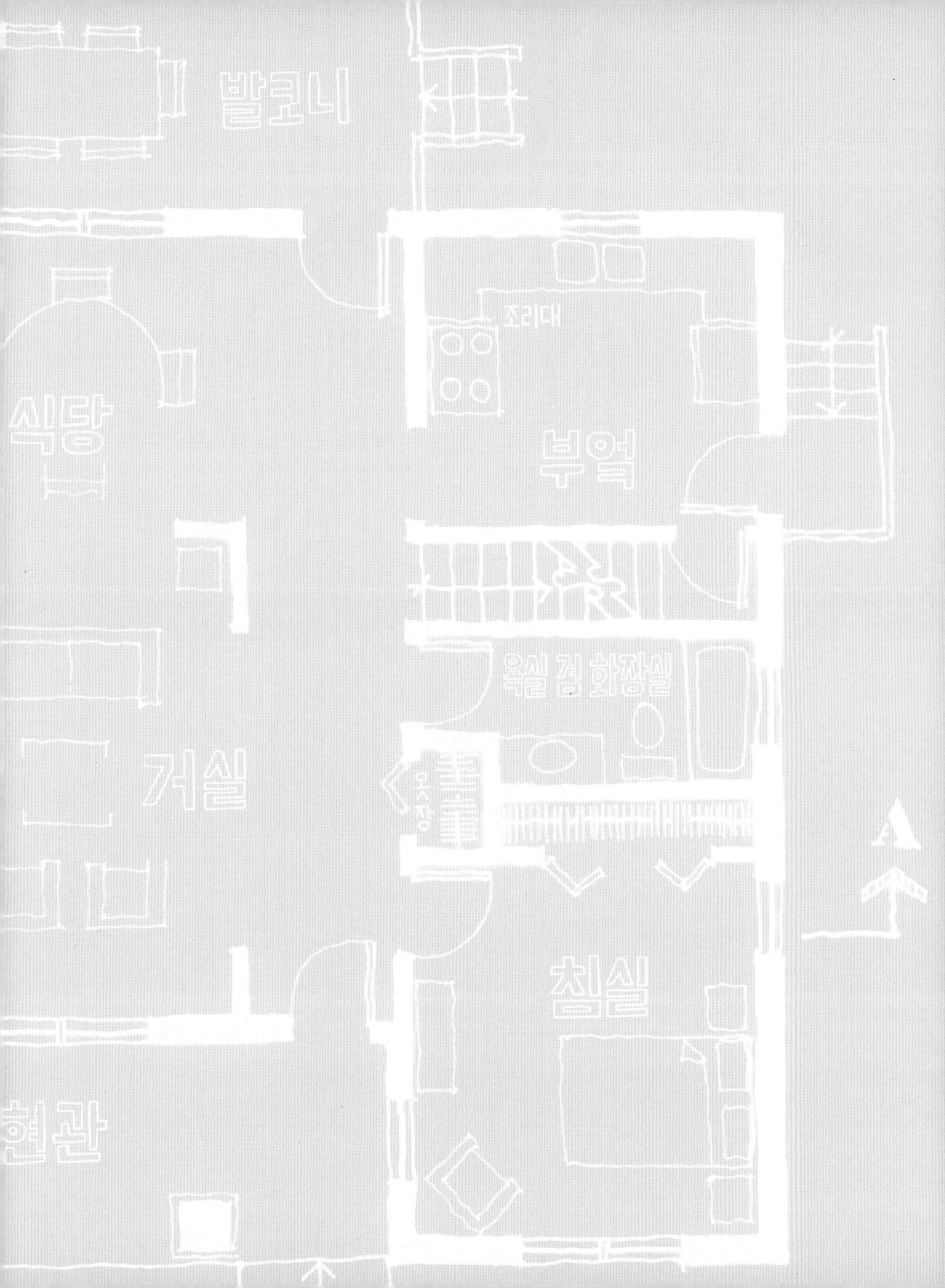

1 건축 그리고 건축가 9

2 건축물을 이루는 요소들 17

3 대지 계획 29

4 평면도 39

5 축척 51

6 단면도 57

7 입면도 65

8 마무리 79

9 내가 살고 싶은 집 떠올리는 연습 85

건축 그리고 건축가

1

우리는 집에서 일하고, 놀고, 공부해요.
집은 험한 날씨로부터 우리를 지켜 주고, 쉼터가 되어 주어요.
집은 우리가 생활하고 지낼 수 있는 장소를 마련해 주지요.

건축은 집을 포함한 모든 건물에 관한 예술이자, 과학이에요. 왜 건축이 예술일까요? 우리가 머무는 건물은 사람들의 시선을 잡아끌고 오감을 만족시키며 눈을 즐겁게 하는 아름다운 작품이기 때문이에요. 왜 건축이 과학이냐고요? 건물을 짓고 세우는 작업에는 상당한 과학 지식 또한 필요하기 때문이지요.

영어로 건축가를 'architect'라고 해요. 그리스어 'architektón'에서 온 말이에요. 이 단어는 원래 건물 세우는 일을 직접 하는 기술자를 뜻했어요. 하지만 지금의 '건축가'는 단지 실제로 현장에서 일하는 사람을 뜻하지 않아요. 건축물을 만들기 위한 모든 작업을 책임지고, 그와 관련된 여러 사람을 관리하는 사람을 건축가라고 한답니다.

건축가는 패션 디자이너와 좀 비슷해요. 패션 디자이너는 옷을 만들 때 어떤 옷을 만들지부터 구상해요. 옷의 모양새가 어떨지, 색은 어떨지, 어떤 옷감으로 만드는 게 좋을지, 입었을 때 옷맵시가 어떨지 등을 생각해 보는 거예요.

디자이너는 옷을 만들기 위해 '패턴'을 그려요. 패턴은 실제 옷과 닮은 '본'이에요. 옷을 재단하고 재봉하는 사람들에게 필요하지요.
건축가도 이와 비슷한 방식으로 일해요. 건축가도 먼저 어떤 건축물을 만들지를 구상하고, 아이디어를 떠올려요. 그 건축물이 어떻게 보일지, 만드는 목적에 잘 맞을지, 주변 환경과 어떻게 어울릴지 등을 살피고 고민해요. 패션 디자이너가 옷의 패턴을 그리듯이, 건축가도 머릿속으로 떠올린 건축물을 그림으로 그려요. 이 그림이 패턴과 같은 역할을 하지요.

이 책에서 우리는 '건축가의 그림'을 살펴볼 거예요. 이런 그림을 '도안'이나 '도면', '설계도'라고 해요. 이 책에 나오는 건축가의 그림은 어떤 특별한 건축물을 만들기 위한 것이에요. 바로 '에런의 집'이랍니다.

그런데 그림이 어딘가 이상해 보일지도 몰라요. 선이 삐뚤삐뚤하고 일정하지 않거든요. 그 위에 적힌 글자도 구불구불하고요. 그림은 사람과 같아요. 완벽하지 않지요. 하지만 자기만의 특징이나 개성이 있어요. 여러분 중에 스스로 그림을 잘 못 그린다고 여기는 친구가 있나요? 나만의 생각이 담긴 그림이라면, 그 그림은 충분히 가치가 있어요. 선이 좀 거칠고 삐뚤삐뚤한 건 별문제가 되지 않아요. 그러니 절대로 그리는 걸 두려워하지 말아요.

다시 에런의 집 이야기로 돌아갈게요. 에런은 건축가예요. 어릴 때부터 그림 그리기를 좋아했는데, 가장 즐겨 그린 건 집이었어요. 에런은 집을 자주 그렸고, 그림을 그리지 않을 때면 자기 방의 가구들을 보며 높은 빌딩들을 떠올렸어요. 그러고 나면 방 안의 사물들을 끌어모아 그 비슷한 걸 만들곤 했지요.
어때요, 여러분도 에런처럼 뭔가를 떠올리며 물건을 쌓아 올려 본 적이 있나요?

건축 그리고 건축가   13

에런의 누나인 마지도 건축가예요. 마지도 어릴 때 자기 방의 가구들을 쌓아 올렸어요. 하지만 에런처럼 높은 빌딩들은 아니었어요. 그 대신에 성을 지었지요. 둘은 취향이 달랐어요.
아무튼 마지는 에런이 만들어 놓은 것들을 보며 에런에게 말했어요.
"너는 건축가가 되어야 할 것 같아."

시간이 지나, 에런은 대학에서 예술과 수학, 건축 공학을 공부했어요. 대학을 졸업한 뒤에는 수년간 건축 회사에서 일하면서 안전 관리 규정, 건축 법규, 도시 계획, 건축 기술, 전기 및 기계 설비 등에 대해 배울 수 있었어요. 또 건축물을 지을 때 비용이 얼마나 드는지도 알게 되었어요. 그러고 나서 마침내 에런은 국제 공인 건축사 시험에 합격했어요. 어엿한 건축가가 되었답니다.

이제 에런의 그림을 소개할게요. 자신이 살 집을 짓기 위해 직접 그린 그림들이에요. 모든 건축가들이 실제로 이런 그림을 그려요. 각각 '대지 계획', '평면도', '단면도', '입면도'라고 불러요.

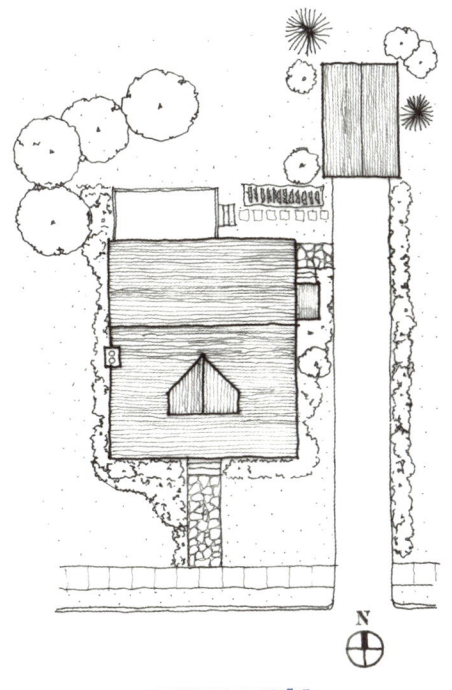

대지 계획

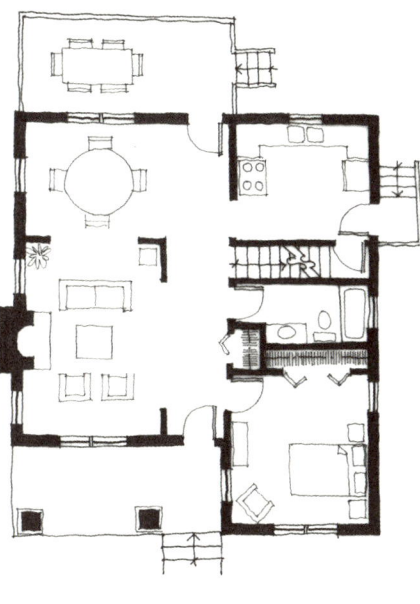

평면도

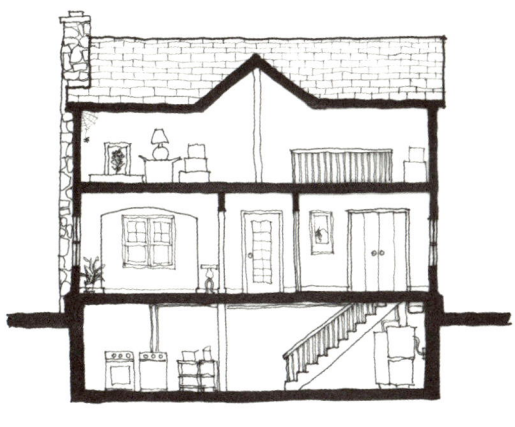

단면도

입면도

에런은 어떤 집을 떠올리고 어떤 그림을 그렸을까요? 지금부터 에런의 그림들을 하나씩 자세히 살펴볼게요. 건축가의 그림은 나중에 완성될 집만큼 무척 중요해요.

그 전에 잠시, 에런의 그림을 이해하기 위해 여러분이 알아야 할 것들이 있어요. 다음 장에서 건축물을 이루는 요소들에 대해 먼저 알아볼게요.

2

건축물을 이루는 요소들

모든 건축물은 여러 면에서 저마다 달라요. 그런데 또 어떤 측면에서 보면 같은 점도 많아요. 어떤 건축물이든 똑같이 가진 공통적인 요소들이 있기 때문이에요. 벽, 문, 창문, 지붕, 바닥, 구조 같은 것들이지요.

먼저 **벽**을 살펴볼게요. 여러분이 어떤 건축물에 다가갔을 때 처음으로 마주치는 것은 바깥쪽의 벽이에요. 외벽은 건축물을 빙 둘러싸고 있어요. 마치 우리 피부처럼요. 피부처럼 건축물 안의 중요한 내용물들을 감싸고 보호해요.
벽은 돌, 콘크리트, 벽돌, 나무, 유리 등 다양한 재료로 만들어져요.

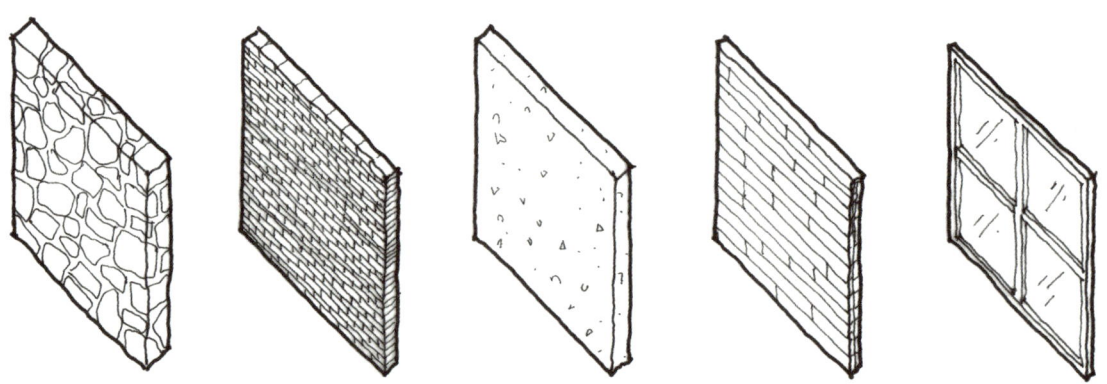

햇볕을 쬐면 우리 몸의 피부가 따뜻해지는 것처럼 건축물의 벽도 햇살을 받으면 온도가 높아져요. 사막에 있는 집을 한번 떠올려 보세요. 두꺼운 벽으로 둘러싸인 집이요. 벽이 강렬한 햇살이나 열이 집 안으로 들어오는 걸 막아 주지요.

추운 기후 지역에서 살아가는 사람들은 반대로 집 안에 열이 머물기를 원할 거예요. 이때는 벽이 마치 겨울 외투를 입은 것처럼 집을 감싸고 따뜻하게 덥혀 주는 역할을 해요.

여러분이 사는 곳에서는 어떤가요? 집을 시원하게 하는 게 더 중요한가요, 아니면 따뜻하게 하는 게 더 중요한가요? 여러분이 만나는 날씨는 보통 어떤가요? 습도는 높은 편인가요? 아니면 건조한가요?

이런 질문은 여러분이 어떤 옷을 입고 다닐지를 정할 때 중요해요. 더불어 어떤 집에 살지를 정할 때에도 도움이 된답니다.

문과 **창문**은 우리가 어떤 건축물을 보았을 때 벽 다음으로 발견하게 되는 요소일 거예요. 이들은 우리 얼굴의 눈이나 코, 입과 같아요. 건축물의 피부에 뚫려 있는 구멍이면서, 뭔가 드나들 수 있는 출입구이니까요. 문과 창문은 건축물에 아름다움과 개성을 더해 주어요. 사람들이 밖에서 안으로, 방에서 방으로 드나들 수 있게 하고, 빛이나 공기가 안으로 들어오게 한답니다.

큰 창문이 있는 집은 밖을 향해 시원하게 뚫려 있는 듯한 인상을 주어요.
반면에 작은 창문이 있는 집은 좀 더 아늑하게 감싸 주는 느낌이 들어요.
창문은 시대와 지역에 따라 모양이 달라져요. 그에 따라 사람들이 받는
느낌도 달라지지요.

 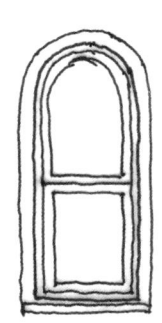   

세 번째로 살펴볼 건축물의 구성 요소는 **지붕**이에요. 지붕은 비나 눈은 물론, 강렬하게 내리쬐는 따가운 햇살로부터 건축물의 내부를 보호해 주어요. 우리가 머리에 모자를 쓰는 것하고 비슷해요. 다양한 모자가 있듯이, 다양한 지붕들이 있어요.
지붕의 종류는 건축물이 놓인 장소의 주변 환경이나 기후와 관련이 있어요. 그 지역의 문화와 건축물의 모양이 어떤지에 따라서도 달라지지요.

아래 그림을 보세요.
어릴 때 이런 식으로 집을 그리지 않았나요?

만약 그랬다면, 여러분이 그린 지붕은 ㅅ 자형 지붕이에요. '박공지붕' 혹은 '게이블지붕'이라고 해요. 전 세계에서 집을 만들 때 가장 흔하게 사용되는 지붕이에요.

한 면만 경사진 지붕은 예전에 은신처를 만들 때 많이 사용되었어요. 한 면만 경사진 지붕 두 개가 합쳐지면 두 면이 서로 기댄 모양이 되는데, 그러면 방금 보았던 ㅅ 자형 지붕과 같은 모양이 돼요.

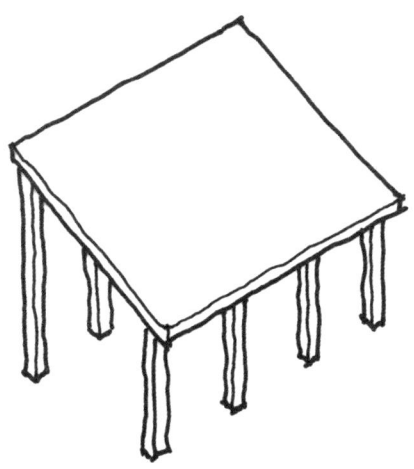

건축물을 이루는 요소들

'모임지붕'은 미국의 건축가 프랭크 로이드 라이트가 만든 여러 유명한 건축물에서 자주 보여요.

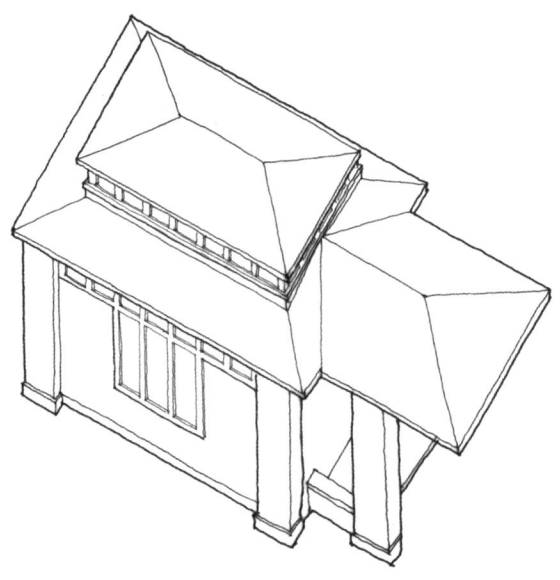

'맞배지붕'은 헛간이나 창고를 만들 때 자주 사용되지요.

네 번째 건축 요소는 **바닥**이에요. 바닥은 우리가 서 있거나 걸어 다니는, 넓고 평탄한 면을 말해요. 바닥은 땅 위에 놓일 수도 있고, 여럿이 늘어선 벽들 위에 놓일 수도 있어요. 벽들 사이에 있는 경우도 있지요.

바닥은 건축물에서 매우 중요한 기능을 맡고 있어요. 벽들을 단단하게 묶어 주거든요. 그래서 다음에 소개할 건축 요소인 '구조'에서 매우 중요한 부분이랍니다.

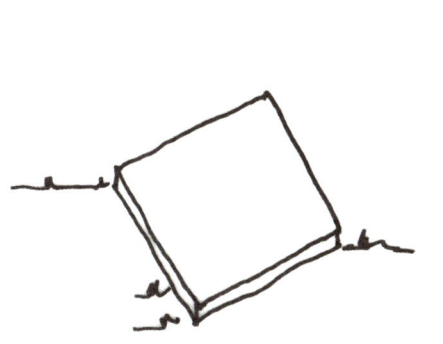 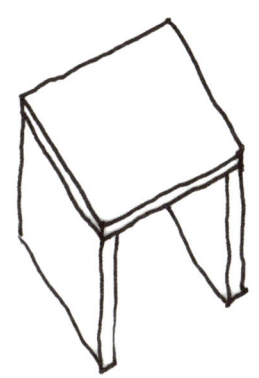 

다섯 번째 건축 요소는 **구조**예요. 구조는 사람의 골격, 다시 말해 뼈대에 해당해요. 우리가 몸을 수직으로 곧게 세울 수 있는 건 우리 몸에 뼈대가 있기 때문이에요. 사람마다 뼈대가 달라서 우리 몸의 모양도 조금씩 달라요. 하지만 건축물의 구조는 에펠 탑이든 판테온이든 모두 같아요.

구조는 건물 안의 사람들을 안전하게 지켜 주어요. 거센 바람 같은 험한 날씨나 지진 같은 재해뿐 아니라, 중력의 영향으로부터도 우리를 지켜 주지요. 그 덕분에 우리가 높은 층에 있어도 아래로 떨어지지 않아요. 구조물은 나무, 벽돌, 돌, 철 또는 콘크리트로 만들어져요.

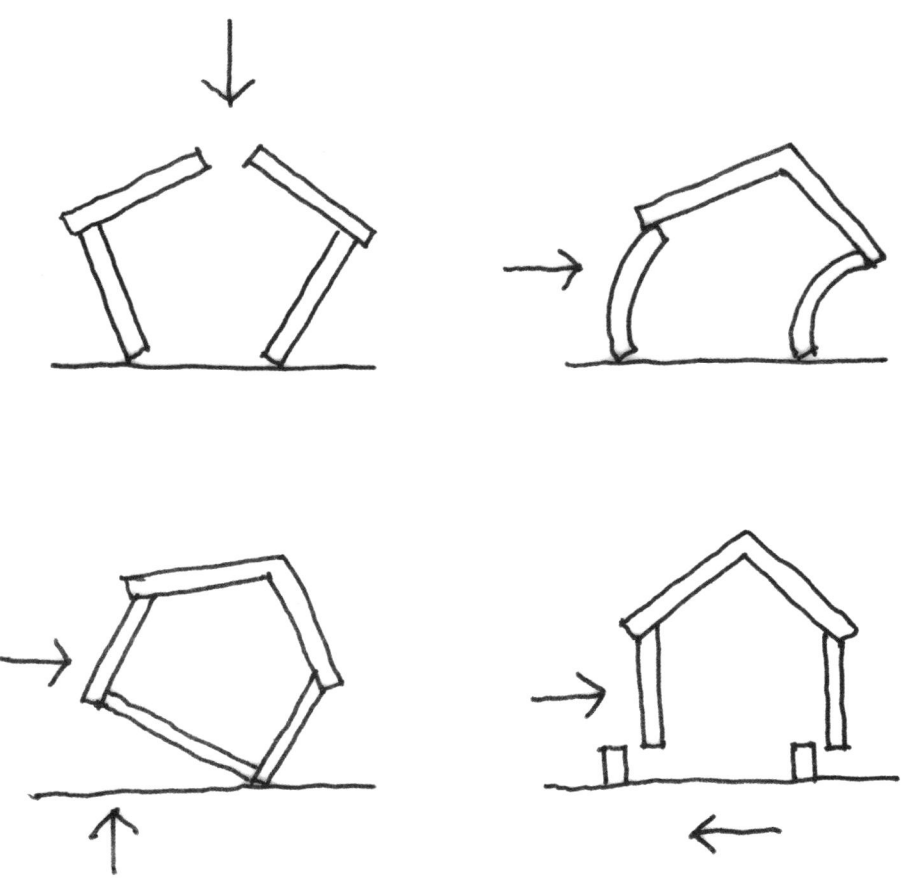

지금까지 말한 모든 건축물의 구성 요소가 합쳐져서 에런의 집이 어떤 모양이 될지를 정한답니다.

에런이 어떤 집을 만들지 구상하려면 그 전에 해야 할 일이 있었어요. 어디에 살지부터 정해야 했지요. 자신이 원하는 조건에 딱 맞는 장소가 바로 나타난다면 좋겠지만, 그렇지 않을 수도 있어요. 적당한 장소를 고르기까지 아주 오랜 시간이 걸려서 몇 년 몇 달씩 기다리기도 한답니다. 하지만 에런은 운이 좋았어요. 누나 마지가 살고 있는 동네에 빈 공간이 있었거든요. 그곳은 에런이 원하는 조건에 잘 맞았어요.

오른쪽 그림에서 왼편에 보이는 건물이 완성된 에런의 집이에요. 어딘지 잘 모르겠다고요? 아르테미스가 현관 앞에 나와 있는 집을 찾아보세요. 아르테미스는 에런이 키우는 개예요.

대지 계획

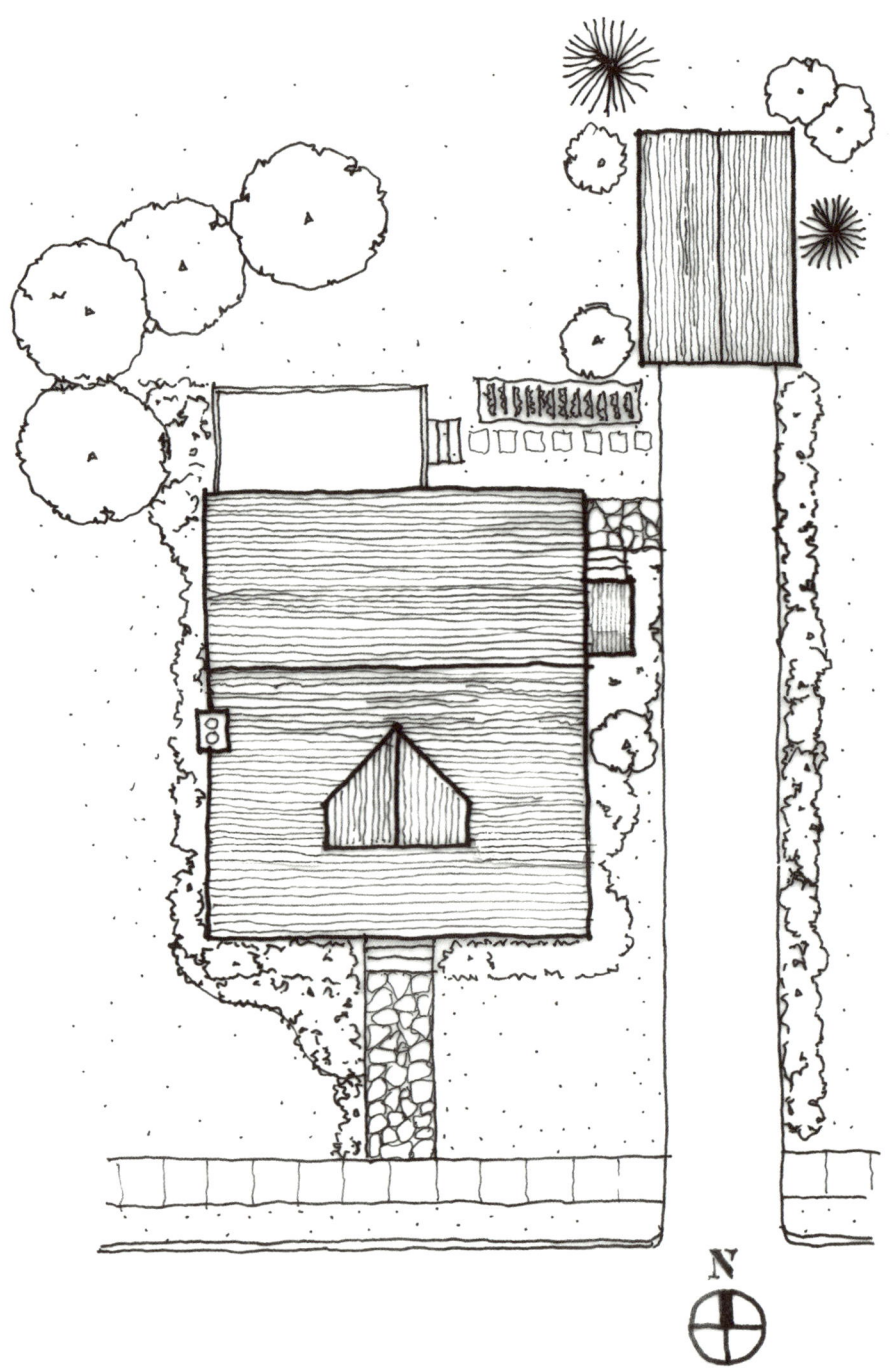

대지 계획

N = north = 북쪽

건축물이 들어설 땅을 '대지'라고 불러요. 에런의 대지에는 집과 앞마당, 뒷마당이 포함돼요. 그 안에 에런의 모든 소유물이 들어갈 거예요. 집을 짓기 전에는 자신이 마련한 대지 안에 어떻게 건물을 짓고 배치할지를 꼼꼼히 살펴보고 계획을 세워야 해요. 이때는 마치 새가 된 것처럼 대지를 볼 수 있어야 하지요. 새가 하늘을 날아다니면서 아래를 내려다보는 것처럼 대지를 위에서 내려다보는 거예요.

왼쪽이 에런의 대지 계획이에요. 31쪽 그림과 이 그림 사이에 어떤 차이점이 있을까요? 31쪽의 집은 입체이지만, 지금 이 그림에서는 모든 것이 납작하고 평평하게 표현되었어요. 위에서 내려다본 그림이기 때문이에요. 우리는 이 그림에서 지붕을 볼 수 있지만, 벽은 볼 수 없어요. 벽은 위에서 내려다보았을 때 보이지 않거든요.

대지 계획을 담은 그림에는 집의 모양 말고도 많은 정보가 들어 있어요. 에런이 마련한 공간 안에 어떤 것이 들어가고, 각기 어떤 위치에 놓일지를 알 수 있지요.

그림을 살펴보니 집 뒤편에 발코니와 채소를 키울 수 있는 작은 정원이 있고, 차고의 지붕이 보이는군요. 차고에서 집 밖으로 난 길도 보여요. 에런은 현관 앞에 돌을 깔아 작은 길을 만들기로 했어요.

이 그림에는 없지만, 대지 계획에 수도나 전기 시설의 위치가 표시되는 경우도 있답니다.

에런의 집 바로 앞에 맞닿은 도로의 이름은 '기쁨로'예요. 여러분의 집 앞에도 도로가 바로 나 있나요? 그럴 수도 있고 안 그럴 수도 있는데, 꼭 그래야 하는 건 아니에요. 이 세상에는 다양한 공간이 있으니까요.

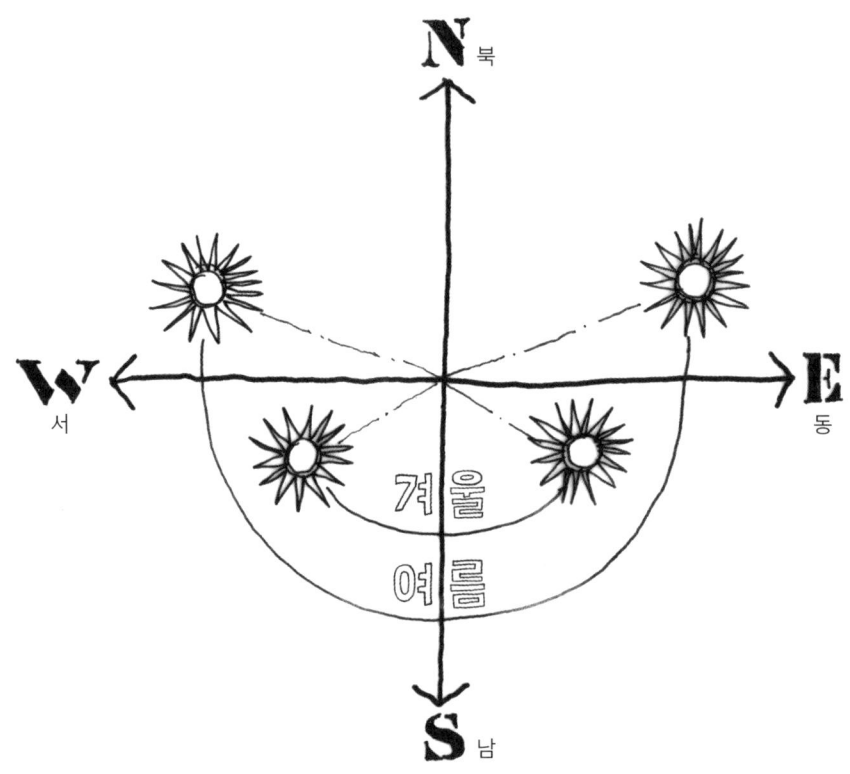

위 그림은 일 년 동안 태양이 하늘에서 어떻게 움직이는지를 보여 주는 것이라고 해요. 태양의 움직임은 건축에 어떤 영향을 줄까요?

동쪽으로 난 방에서는 이른 아침에 환한 햇살을 맞이할 수 있어요.

서쪽으로 난 방에서는 늦은 오후에 나지막하고 따스한 햇살을 맞이할 수 있지요.

만약 침실이 동쪽에 있다면 아침마다 햇살 때문에 눈이 부셔서 잠에서 일찍 깰 거예요. 밤에는 아주 깜깜할 거고요. 또, 동쪽으로 난 부엌에서는 화사하고 유쾌한 분위기에서 아침 식사를 할 수 있을 거예요.

집이 어느 방향으로 났는지는 우리 생활에 많은 영향을 미쳐요. 우리 기분까지도 달라질 수 있답니다.

만약 집 앞으로 난 길이 북쪽을 향한다면 현관문을 열 때마다 차갑고 세찬 바람이 집 안으로 들어올 거예요. 문을 다른 방향으로 달고 싶은 마음이 절로 들겠지요.

집이 어느 쪽을 향하고 있느냐 하는 것을 '방위'라고 해요. 대지 계획을 그림으로 표현할 때 방위를 나타내기 위해 보통 화살표 모양의 방위표를 사용해요. 화살표의 뾰족한 부분이 가리키는 방향이 북쪽이에요. 흔히 북쪽을 가리키는 표시가 그림의 위쪽을 향하도록 방위표를 그려요.

 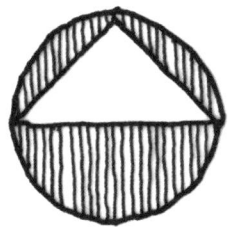 

32쪽 그림을 보고 정말 그런지 방위표를 확인해 보세요.

정원을 가꿀 생각이라면 대지 계획에 식물들이 등장해야 해요. 대지 계획을 짜면서 어떤 위치에 어떤 나무를 그대로 둘지, 새로 배치할지를 정하지요. 나무는 그늘을 만들고 바람을 막아 주어요. 또, 창문 등을 가려서 그 집에 사는 사람들의 사생활을 지켜 주어요.

대지 계획을 나타내는 그림에 이런 모양이 보이면 나무를 표현한 거예요.

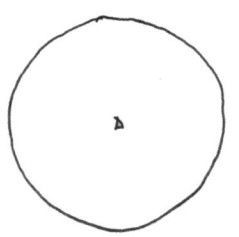 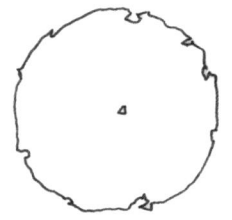  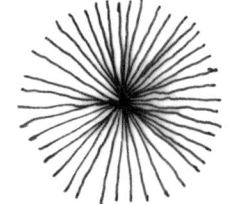

에런이 계획한 정원에는 잎이 무성한 나무들이 있어요. 왜 이런 나무들이 필요할까요? 이 집이 미국 중서부에 있기 때문이에요. 이 지역은 여름에 무더워요. 여름이면 나뭇잎들이 그늘을 드리워서 에런의 집을 식혀 줄 거예요. 이 나무들을 겨울에도 쓸모가 있어요. 추운 겨울이 되어 나뭇잎이 다 떨어지고 나면 따뜻한 햇살이 집을 바로 비출 테니까요. 남은 기둥과 가지는 차가운 북풍으로부터 집을 보호하지요.

한편, 나무들은 공기를 가르는 바람 소리를 줄여 주고, 새들이 둥지를 지을 수 있는 장소를 제공한답니다.

건축가는 대지 계획을 짤 때 집 안의 정원뿐 아니라 집 밖의 자연환경도 고려해요. 바위산이나 낭떠러지, 강이나 호수 등 자연물로부터 얼마나 떨어진 위치에 건축물을 세울 것인지를 정하지요.

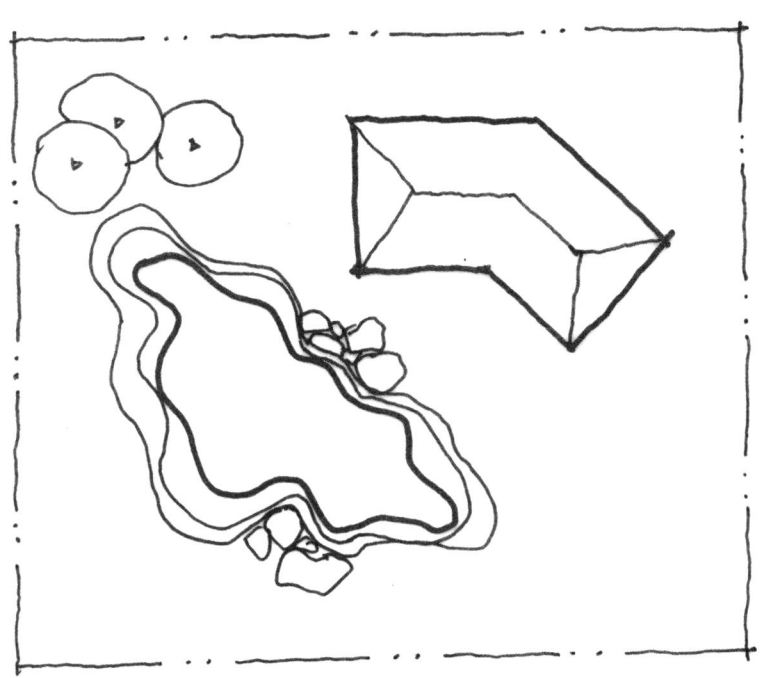

혹시 여러분의 집에도 정원이 있나요? 만약 그렇다면 에런의 집에 있는 정원과 어떤 점이 다르고 어떤 점이 비슷한가요?

큰 나무들이 있는 곳에 가면 어떤 느낌인가요? 향기롭고 화려한 꽃들이 활짝 핀 곳에서 하루를 보낸다고 생각해 보세요. 새들의 노랫소리를 좋아하나요? 집에서 밖을 내다보았을 때 어떤 풍경을 보고 싶나요? 산이 보이는 풍경? 큰 공원이 펼쳐진 모습? 다정한 이웃의 정원?
어떤 답을 하느냐에 따라 대지 안에서 집이 어디에 놓이고 어디를 향할지가 정해져요. 멀리 보면 그 집에서 살아갈 이후의 생활에도 영향을 준답니다.

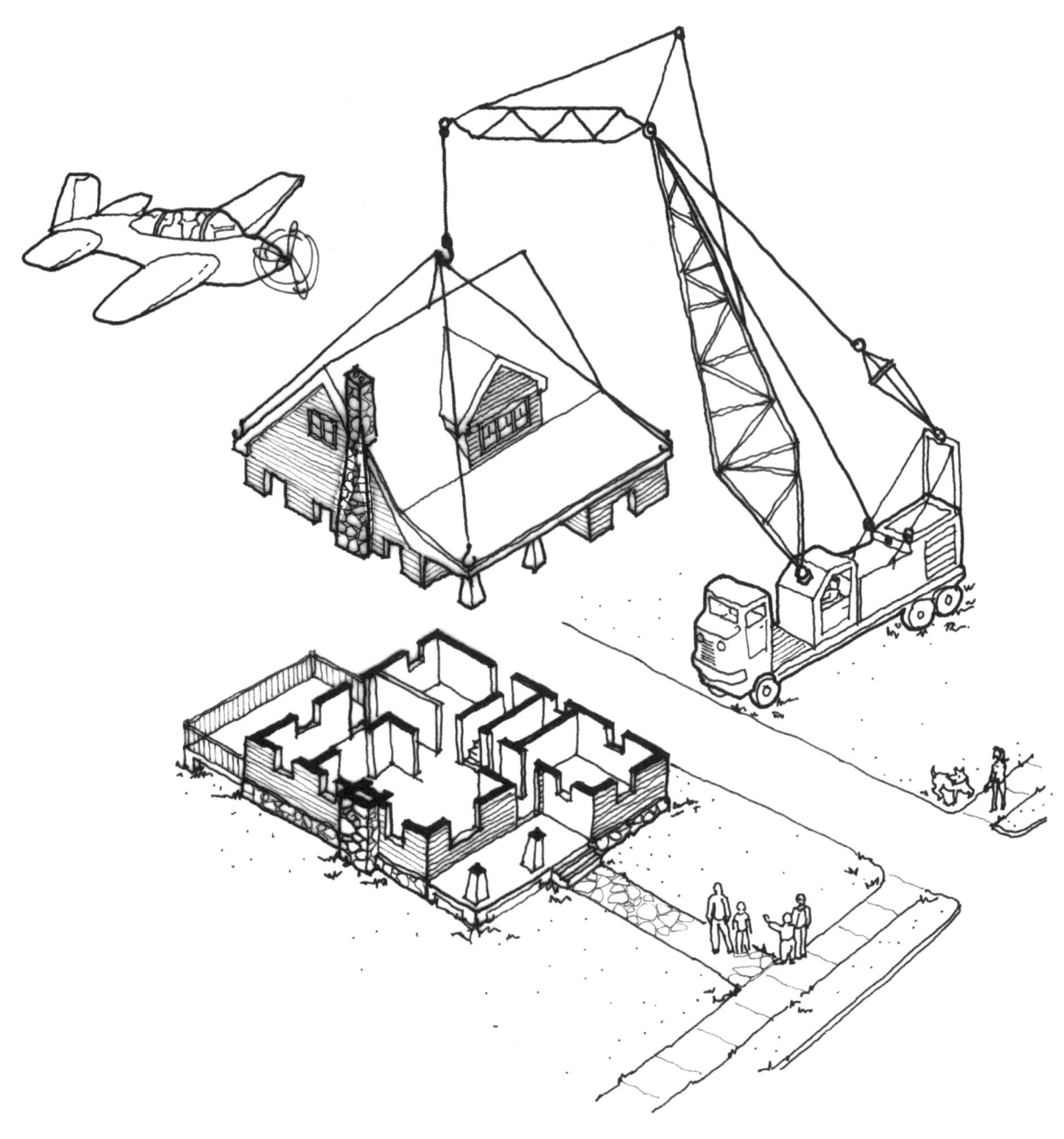

평면도는 건축물을 위에서 내려다본 모습을 그린 그림이에요. 맞아요.
대지 계획을 나타낸 그림과 같아요. 평면도도 에런의 집이 어떤 모습을
하고 있는지 보여 주는데, 대지 계획하고는 다른 방식이에요.
집의 벽들을 한꺼번에 칼로 자르듯 가로로 길게 자를 수 있다고 생각해
보세요. 그렇게 자른 집의 윗부분을 크레인에 묶어 들어 올린 뒤에 다른
곳에 내려놓아요. 그러고 나서 비행기를 타고 집의 나머지 아랫부분을
내려다본 장면을 떠올리면 평면도랑 비슷하답니다.

이렇게도 한번 생각해 볼까요? 높이 쌓인 종이 더미가 눈앞에 있다고
생각해 보세요. 가장 밑에 놓인 종이를 보려면 그 위에 올려진 다른 모든
종이를 치워야 해요. 중간에 있는 종이를 보고 싶다면 위의 반 정도를 덜어
내야 하고요. 종이 더미에서 어디에 위치하든 보고 싶은 종이가 있다면
나머지 종이를 치우면 돼요. 평면도는 보고 싶은 그 종이 한 장과 같아요.
예를 들어 지하실처럼 집에서 가장 낮은 층이 어떤 모습인지 보고 싶다고
쳐 봐요. 그 층을 그린 평면도는 종이 더미에서 가장 아래쪽에 놓인 종이와
같아요. 집에서 중심이 되는 1층, 2층은 중간에 놓인 종이이고, 가장 높은
곳에 있는 다락방은 가장 위에 놓인 종이예요.

어떤 건축물이 있고 그 안에 여러 방이 있다면, 방들의 위치는 서로 가까울 수도 있고 멀 수도 있어요. 평면도는 여러 방들이 어떻게 함께 배치되어 서로 영향을 주는지, 또 각각의 방이 어떤 역할을 하는지를 알게 해 주어요. 우리는 평면도를 보면서 어디가 가장 시끄러운 공간인지 파악할 수 있어요. 그 방을 어떻게 배치해야 집에서 가장 중요한 공간과 떨어뜨릴 수 있을지도 알 수 있지요.

만약 여러분의 방이 부엌 옆에 있다면 어떨까요? 특히 아침에 어떨지 상상해 보세요. 식사를 준비하며 그릇들이 달그락거리는 소리가 들리고, 맛있는 음식 냄새도 풀풀 나겠지요? 아님 여러분의 방이 거실 옆에 있으면 어떨지 생각해 보세요. 어떤 점이 좋을까요? 방이 부엌 근처에 있을 때와 거실 근처에 있을 때 어떤 점이 다를지 생각해 보세요. 실제 여러분의 경험도 떠올려 보세요.

평면도에서 집 안의 모든 물건은 특별한 기호로 표시되어 있어요. 전 세계 어디에 가도 통하는 기호들이지요. 예를 들어 벽은 두껍고 까만 선으로, 창문은 벽의 가운데를 가른 것처럼 보이는 선으로 표시해요. 집 안의 가구들도 각각의 기호로 표시할 수 있어요.
오른쪽은 평면도에서 자주 쓰이는 기호들이에요.

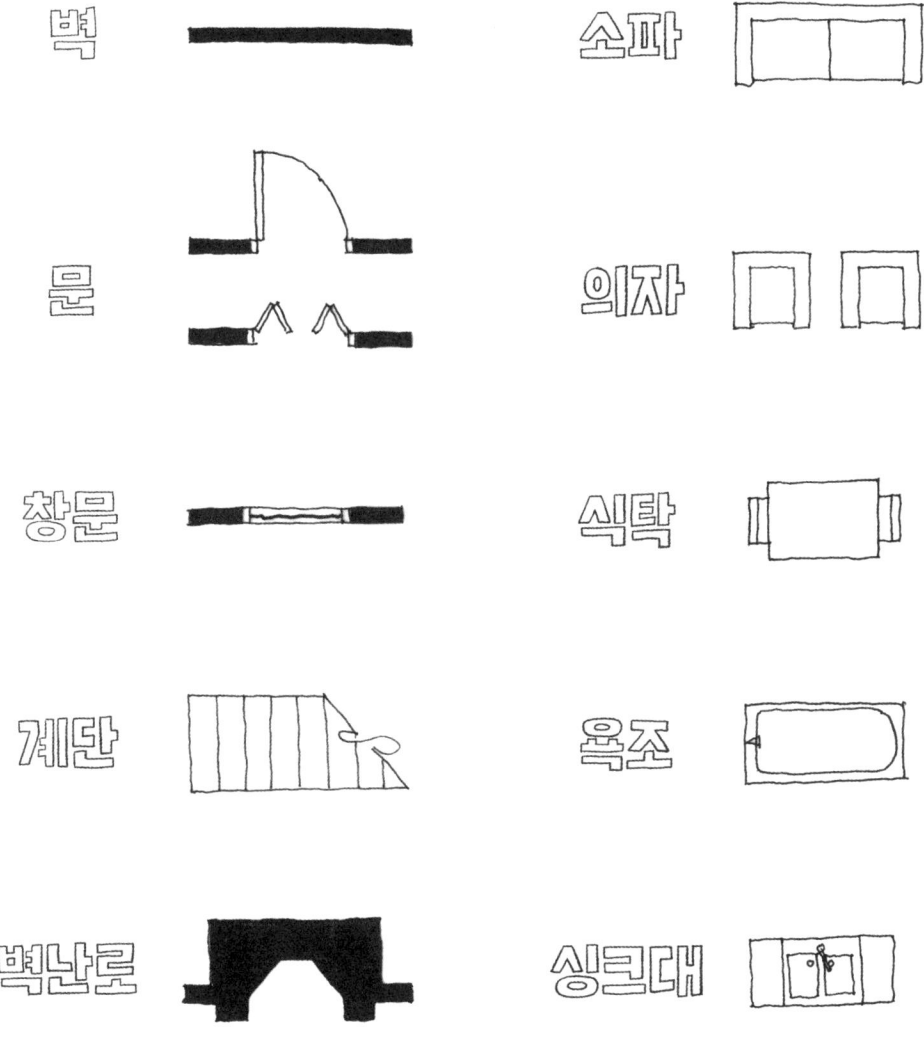

기호까지 익혔으니 이제 에런의 집 평면도를 볼까요? 평면도를 보면서 에런의 집을 실제로 걷고 있다고 상상해 보세요. 현관문에 들어섰어요. 집 안을 둘러보기 시작할게요. 이 방에서 저 방으로 찬찬히 걸어 돌아다니면서 집 안을 살펴보세요.

잠깐, 현관부터 시작할까요? 현관은 집 앞 도로와 마주 보고 있어요. 도로에서 돌길을 따라 걸어오면 에런의 집 입구예요. 여기에서 실내로 들어서는 앞문에 이르기까지 거리가 좀 있는데, 그 사이 공간이 현관에 해당해요. 여기에 작은 의자를 놓으면 앉아서 바깥의 멋진 날씨를 감상할 수 있지요. 이웃이 놀러 오면 가볍게 이야기를 주고받기에도 좋아요. 현관은 비나 눈으로부터 실내로 연결되는 문을 보호해 주어요. 비나 눈이 오는 날씨에 장을 봐 왔다면 문 앞에 이런 공간이 있어야 짐을 옮길 때 편리할 거예요. 이런 날씨에 집을 방문한 사람이 있다면 그 사람이 잠시 머물며 눈이나 빗방울을 털어 내기에도 좋은 공간이지요.

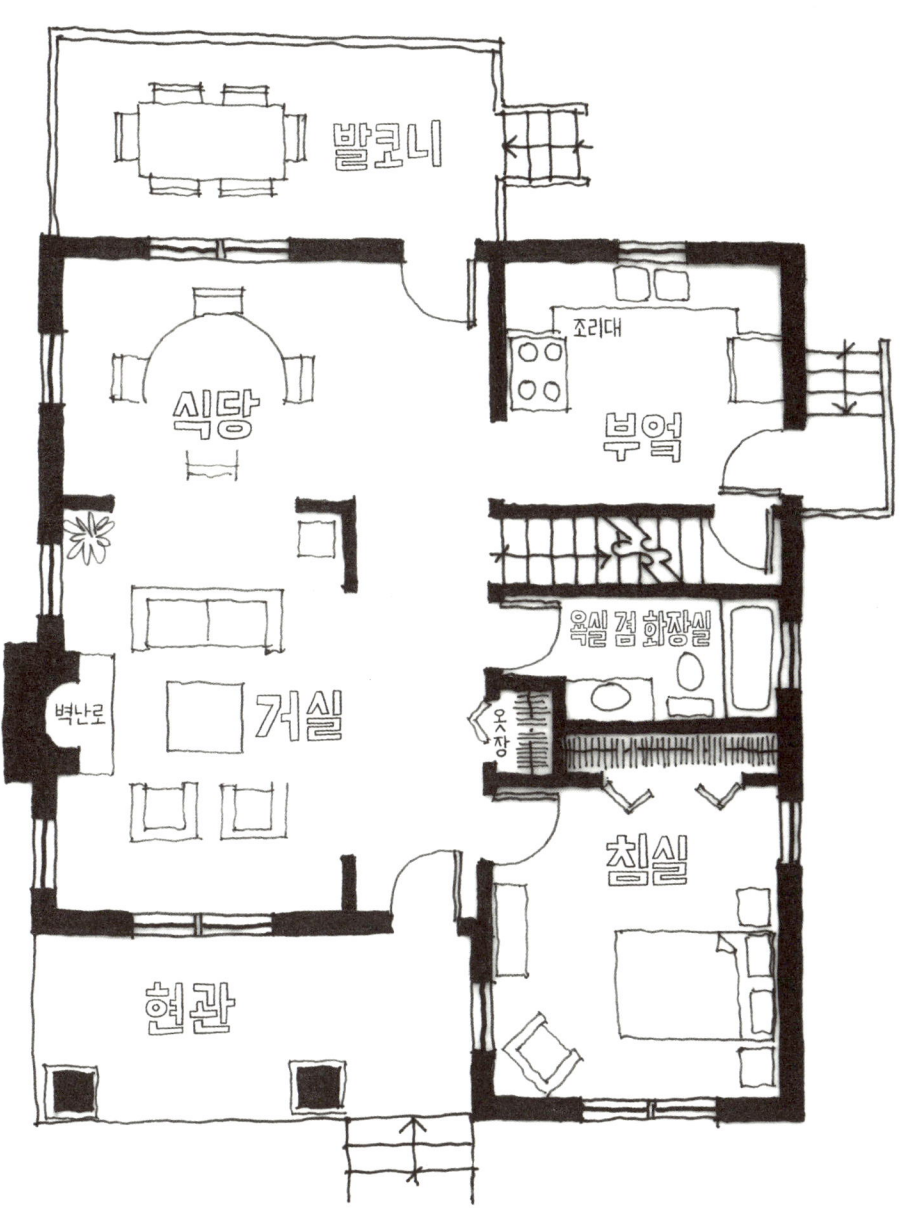

평면도

앞문을 열고 실내에 들어서면 거실 입구예요. 오른편에는 코트를 걸어 두는 작은 옷장이 있어요. 문 바로 옆에 작은 탁자를 두면 열쇠나 우편물을 놓기에 좋겠지요?

거실은 에런이 친구들을 초대하여 즐거운 시간을 보내는 공간이에요. 에런은 거실에서 텔레비전을 보기도 하고, 노트북으로 일을 하거나 책을 읽기도 해요. 여러분은 거실을 어떻게 이용하나요? 에런처럼 거실을 여러 용도로 이용하나요?

추운 겨울날, 에런의 집 거실에 앉아 있다고 상상해 보세요. 벽난로의 불꽃이 이글이글 타올라요. 창문 밖으로는 눈이 소복이 쌓인 풍경이 보일 거예요. 어떤 기분이 들까요?

거실에서 더 안으로 들어가면 식당이 나와요. 거실과 식당은 맞닿아 있어요. 이렇게 배치되어 있으면 친구들을 불러 저녁 식사를 하고 영화를 볼 때 편해요. 식당 뒤편에는 바깥으로 개방된 발코니가 있어요. 날씨가 좋으면 에런은 여기에서 식사를 하지요.

식당은 부엌과도 가까워요. 부엌과 식당이 가까이에 있으면 좋은 점이 있어요. 요리를 하자마자 식기 전에 먹을 수 있다는 거예요. 식사를 하고 나서 생긴 음식물 부스러기나 설거지할 그릇들을 수월하게 옮길 수도 있어요. 그 덕분에 자잘한 쓰레기들이 집 전체에 흩어지지 않는답니다.
부엌에는 음식을 준비하는 조리대가 있어요. 조리대 위아래에는
수납공간이 있지요. 거기에 접시나 주전자, 프라이팬 등을 보관해요.
부엌에서는 음식 재료를 손질하고, 그릇을 씻고, 요리를 해요. 그래서
물이나 가스, 전기 등 설비가 잘되어 있어야 해요.

에런은 부엌 옆에 작은 다용도실을 둘 생각이에요. 여기에 작은 텃밭을
일궈 채소를 기르고, 창고로도 활용해야겠다고 생각했어요. 또한 이
공간과 지하실로 통하는 계단이 연결되었으면 좋겠다고 생각했어요. 이런
조건들을 다 만족시켜야 해서 부엌 설계가 좀 까다로웠어요.

에런의 집에는 욕실 겸 화장실이 하나 있어요. 어떤 집에서는 층마다
화장실을 두어요. 더 편리하니까요. 욕실은 보통 바닥을 타일로 깔아요.
벽에도 타일을 붙여요. 그래야 물이 사방으로 튀어서 물건들을 상하게
하는 일을 막을 수 있지요.

대부분의 집에는 침실이 여러 개 있어요. 하지만 에런은 혼자 살기 때문에
침실 하나면 충분했어요. 친구들이 와서 밤새 놀고 가면 어떻게 하냐고요?
그럴 때는 누군가가 거실의 소파에서 자면 돼요.
침실은 보통 사람들이 드나드는 공간과 떨어져 있어요. 주인이 잠옷을
입은 모습이나 흐트러진 침구 같은 걸 다른 사람이 볼 수 없게끔이요.

복도와 계단은 어떤 한 공간에서 다른 공간으로 이동하는 데에 필요해요.
차들이 이동하는 길처럼요. 계단은 복도가 수직으로 늘어선 것과
비슷해요. 1층과 2층, 2층과 3층 이런 식으로 아래위 층들을 연결해 주어요.
에런의 집에는 계단이 둘 있어요. 아래쪽으로 향하는 계단은 지하실로
이어지고, 위쪽으로 향하는 계단은 다락방하고 연결돼요.
평면도에서 계단은 마치 사다리를 평평한 바닥에 뉘어 놓은 모습
같아요. 사다리도 계단도 모두 어딘가로 올라가는 데에 필요한 것이지요.
평면도에서 계단을 어떻게 그려야 하는지 기억할 때 사다리를 떠올리면
도움이 된답니다.

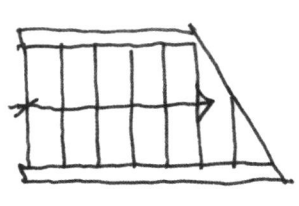 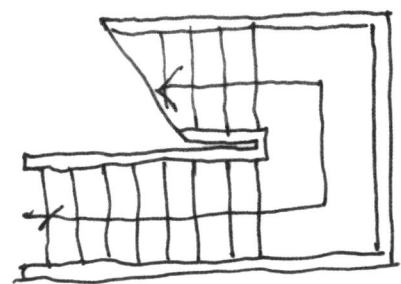 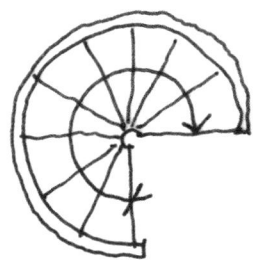

이렇게 해서 평면도를 통하여 에런의 집을 간단하게 구경해 보았어요.
여러분이 에런이라면 바꾸고 싶은 공간이 있나요?

여러분의 집을 한번 둘러보세요.
집의 크기는 어떤가요? 여러분만의 방이 있나요? 아니면 언니 오빠나
동생들과 함께 방을 쓰나요? 집에서 가장 좋아하는 공간은 어디인가요?
여러분의 집은 어떤 점에서 특별한가요? 어떤 특징이 있나요? 혹시 창문이
많은 방이 있나요? 그런 방에 있으면 어둑한 방에 있을 때랑 기분이
어떻게 다른가요?
이건 아주 중요한 질문들이랍니다. 만약 건축가가 여러분을 위한 집을
짓는다면 이와 똑같은 질문을 할 테니까요.

5

축적

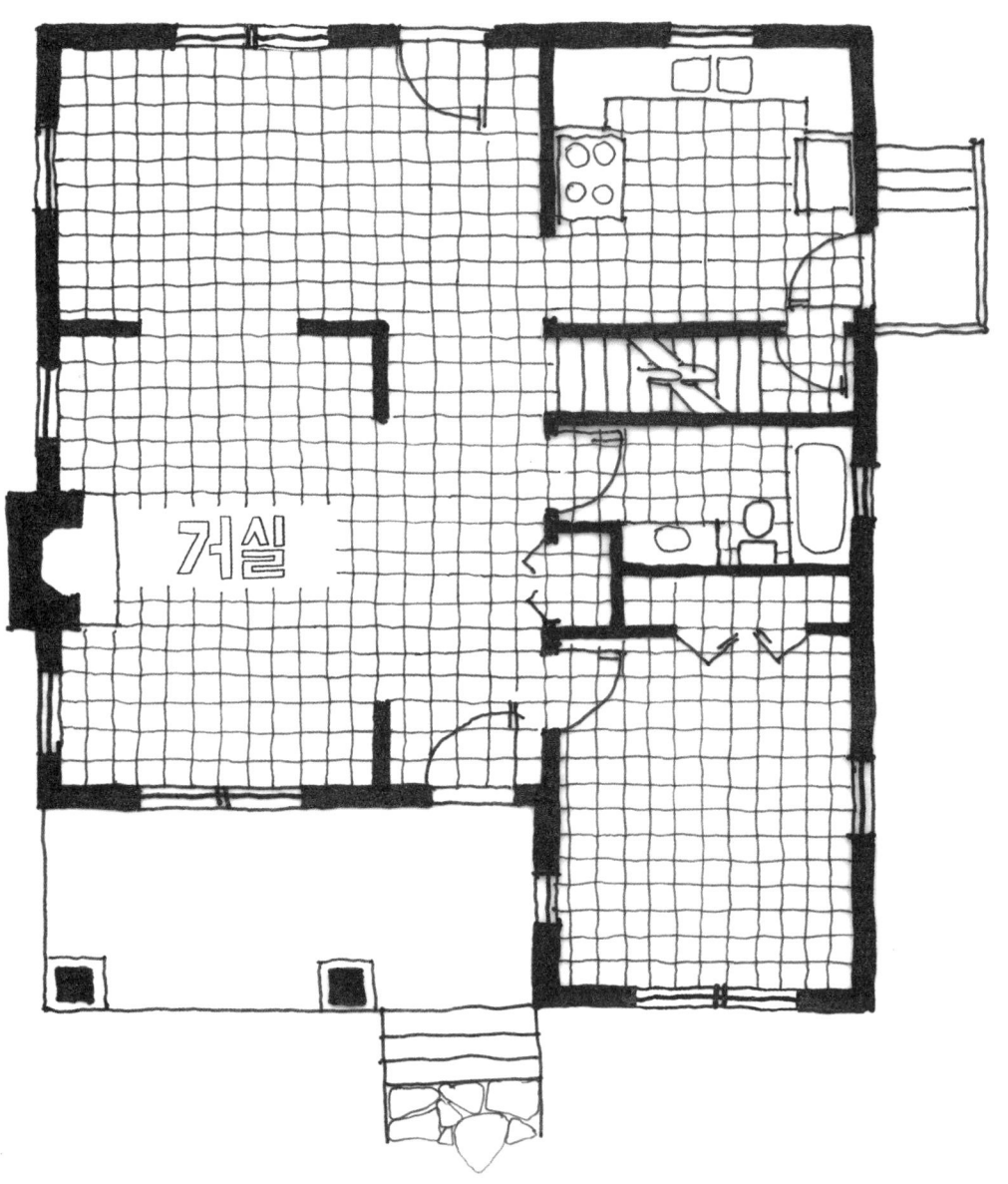

이제부터는 에런의 집을 더 세부적으로 들여다보려고 해요. 그러려면 축척에 대해 알아야 해요. 축척은 거리나 너비를 재는 일과 관련이 있어요. 어떤 사물을 그림으로 그렸을 때 그 그림의 크기는 실제 사물의 크기와 얼마나 차이가 날까요? 축척이 그 차이를 알려 준답니다. 얼만큼을 줄였는지를 축척을 통해 알 수 있어요.

모든 그림은 실제 사물을 종이 같은 평면에 표현한 거예요. 그림은 실제 사물보다 크거나 작아요. 당연히 그렇지요. 원래 크기 그대로 똑같이 그린다는 건 매우 어려운 일이에요. 간혹 사물에 따라서는 실제 크기로 종이 한 장에 그릴 수도 있을 거예요. 자그마한 꽃 같은 건 그릴 수 있지요. 하지만 건축물은 그렇지 않아요. 아무리 작은 건축물도 실제 크기로 종이에 그릴 수는 없어요.

건축물의 공사를 맡은 사람들은 그 건축물을 정확하게 그린 그림이 필요해요. 그래야 공사를 제대로 할 수 있어요. 그래서 건축가는 실제 건물을 종이 위에 딱 맞게 줄여서 그림으로 그려요. 이럴 때 쓰이는 게 바로 축척이에요.

축척은 실제 사물의 길이와 그림에서의 길이 사이의 일정한 비율을 말해요. 일정한 비율로 줄여야 건축물을 원래 모습 그대로 그릴 수 있지요. 만약 축척이 10분의 1이라면, 실제 건축물에서의 길이를 10분의 1로 줄여서 표현한 거예요. 축척이 10분의 1인 건축가의 그림에서 1cm가 보이면 실제로는 그 10배인 1m를 말하는 거랍니다.

10m 길이의 벽을 가로 세로가 15 × 17cm 크기의 종이 안에 그린다고
생각해 볼까요? 10분의 1로 줄여서 그리면 종이 크기에 맞게 그릴 수 있을
것 같아요. 실제 벽에서의 1m가 종이에서는 1cm가 되지요.

다른 방법으로도 살펴볼게요. 여러분이 사는 거실 벽 길이를 재기 위해서
줄자를 벽에 대고 30cm마다 표시를 해 두었다고 생각해 보세요. 네 방향의
벽에 모두 표시를 한 뒤에, 한쪽 벽에서 맞은편 벽 쪽을 향해 같은 높이의
표시를 각각 가로질러 연결하면 어떻게 될까요? 거실 전체가 거대한
모눈종이에 놓인 것처럼 보일 거예요. 에런은 바로 이 방법으로 평면도를
그렸어요.

에런이 그린 평면도에서 작은 사각형의 한 변은 30cm를 뜻해요. 거실을
보면, 한쪽 방향으로 사각형 12개가, 다른 쪽 방향으로는 17개의 사각형이
늘어서 있어요. 이 거실의 넓이는 다음과 같아요.
(30cm × 12개) × (30cm × 17개)

에런의 거실을 다르게도 살펴볼게요.
52쪽의 그림과 55쪽의 그림을 비교해 보세요. 두 그림에서 거실은
사각형의 개수도 똑같고, 사각형 한 변의 길이가 30cm를 나타낸다는 것도
똑같아요. 하지만 다른 점이 있어요. 55쪽 그림은 52쪽 그림보다 크기가
커요. 다시 말해 줄인 비율(축척)이 작아요. 덜 줄였다는 뜻이지요. 덜
줄여서 크게 그린 그림은 많이 줄여서 작게 그린 그림보다 더 자세해요.

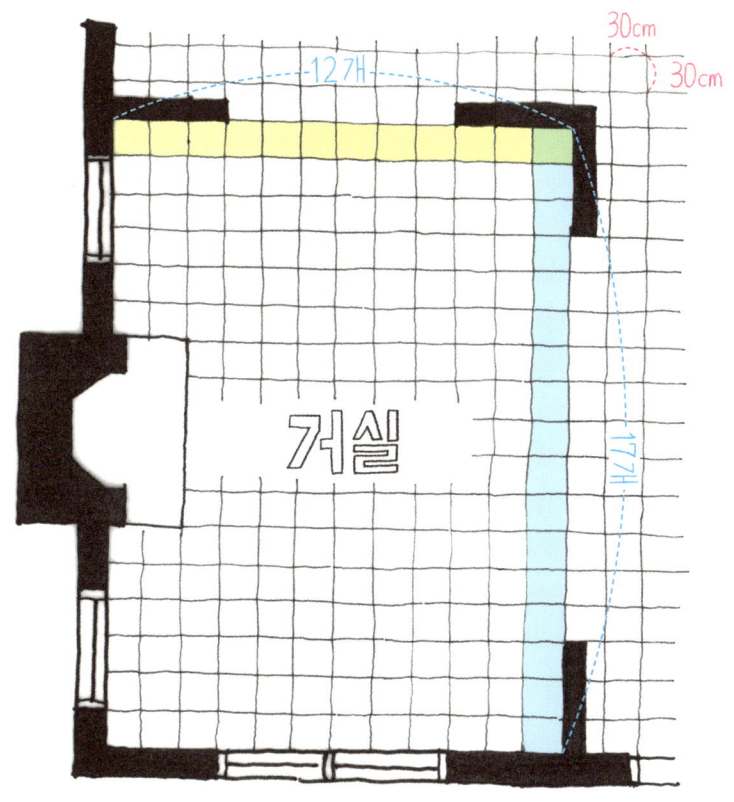

여러분이 사는 도시나 나라의 지도를 한번 보세요. 매우 복잡해 보일 거예요. 그 지도가 아주아주 넓은 지역을 나타낸다는 것을 알 수 있어요. 이렇게 넓은 면적을 작은 종이에 담으려면 매우 많이 줄여야 해요. 축척이 크다는 뜻이에요.

반면에 에런의 거실은 도시나 나라에 비해서는 면적이 작아요. 도시나 나라보다 덜 줄여도 종이에 그릴 수 있어요. 축척이 작다는 뜻이랍니다.

평면도에는 항상 축척이 표시되어 있어요. 아래와 같은 기호를 사용해서 축척을 표시해요.

평면도뿐 아니라 건축가의 그림은 대부분 축척을 사용하여 그려진 것이에요. 건축가들은 축척을 사용하기 위한 특별한 도구, 눈금자를 사용해요. 눈금자는 아래와 같이 생겼답니다.

이쯤에서 기억을 되살려 볼까요? 평면도는 건축물을 위에서 내려다본 모습으로 그린 그림이라고 했어요. 집을 가로로 자른다고 생각해 보세요. 집을 이루는 벽들을 수평으로 잘라서 본 모습이 평면도였지요.

이번에 살펴볼 단면도는 집을 위에서 아래로 수직으로 잘라서 본 모습을 그린 그림이에요. 인형의 집을 본 적이 있나요? 오른쪽 그림을 보세요. 실제 사람이 사는 집을 작게 축소한 것 같은 인형의 집이에요. 이 집은 건물의 앞면이 둘로 나뉘면서 양쪽으로 활짝 열려요. 이렇게 집을 둘로 갈라 양쪽으로 벌리면 층층의 모든 방을 한눈에 볼 수 있지요. 단면도는 이와 비슷한 원리로 그린 그림이에요.

평면도에서 검은색 선들은 모두 벽을 나타냈어요. 반면, 단면도에서의 검은색 선들은 벽이 될 수도 있고, 바닥이 될 수도 있고, 지붕과 집 밖의 다른 것들을 나타낼 수도 있어요.

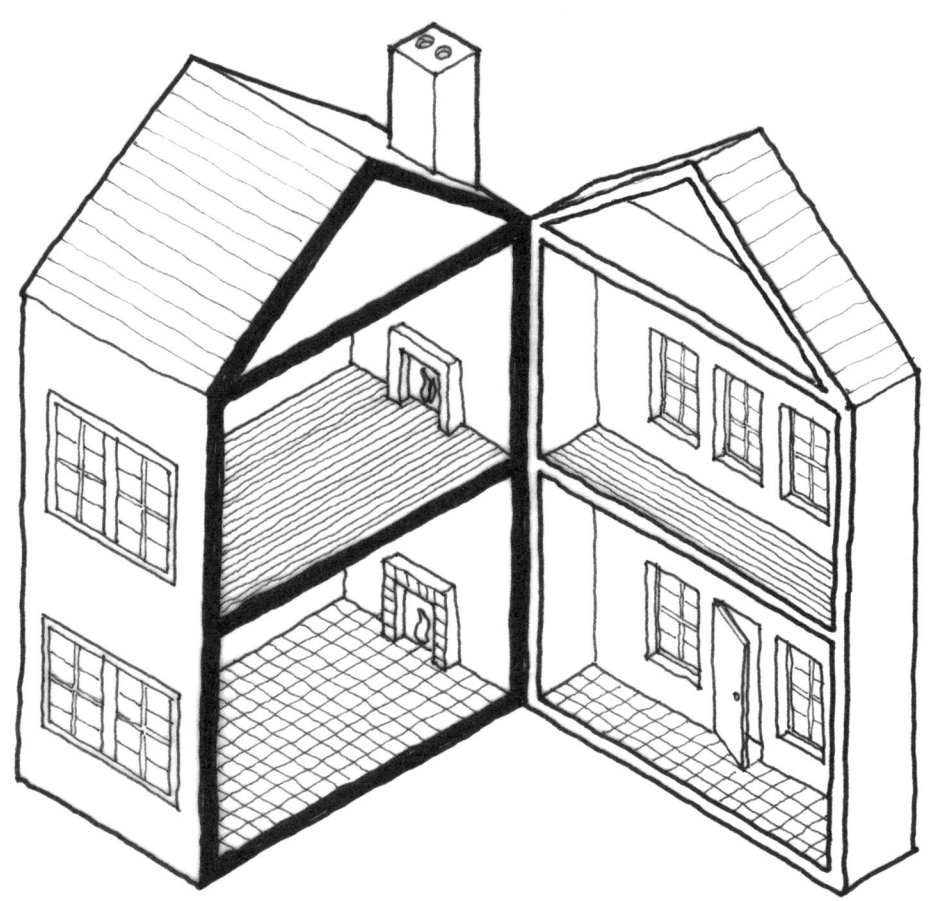

단면도는 집을 설계하고 시공하는 데에 도움을 주어요. 실제 건물 안이 어떻게 구성되어 있는지를 보여 주기 때문이에요.

또한 단면도는 다른 중요한 역할을 하는데, 바로 건축가가 예술가의 시선으로 집을 바라보게 해 준답니다. 건축가는 단면도를 보면서 마치 예술 작품을 바라보는 것처럼 집을 구석구석 살펴볼 수 있어요. 그러면서 집의 각 공간이 잘 연결되어 있는지, 문이나 창문들이 적당한 곳에 위치하고 있는지, 집의 여러 요소들이 적절히 잘 구성되어 어우러졌는지 등을 판단해 볼 수 있어요.

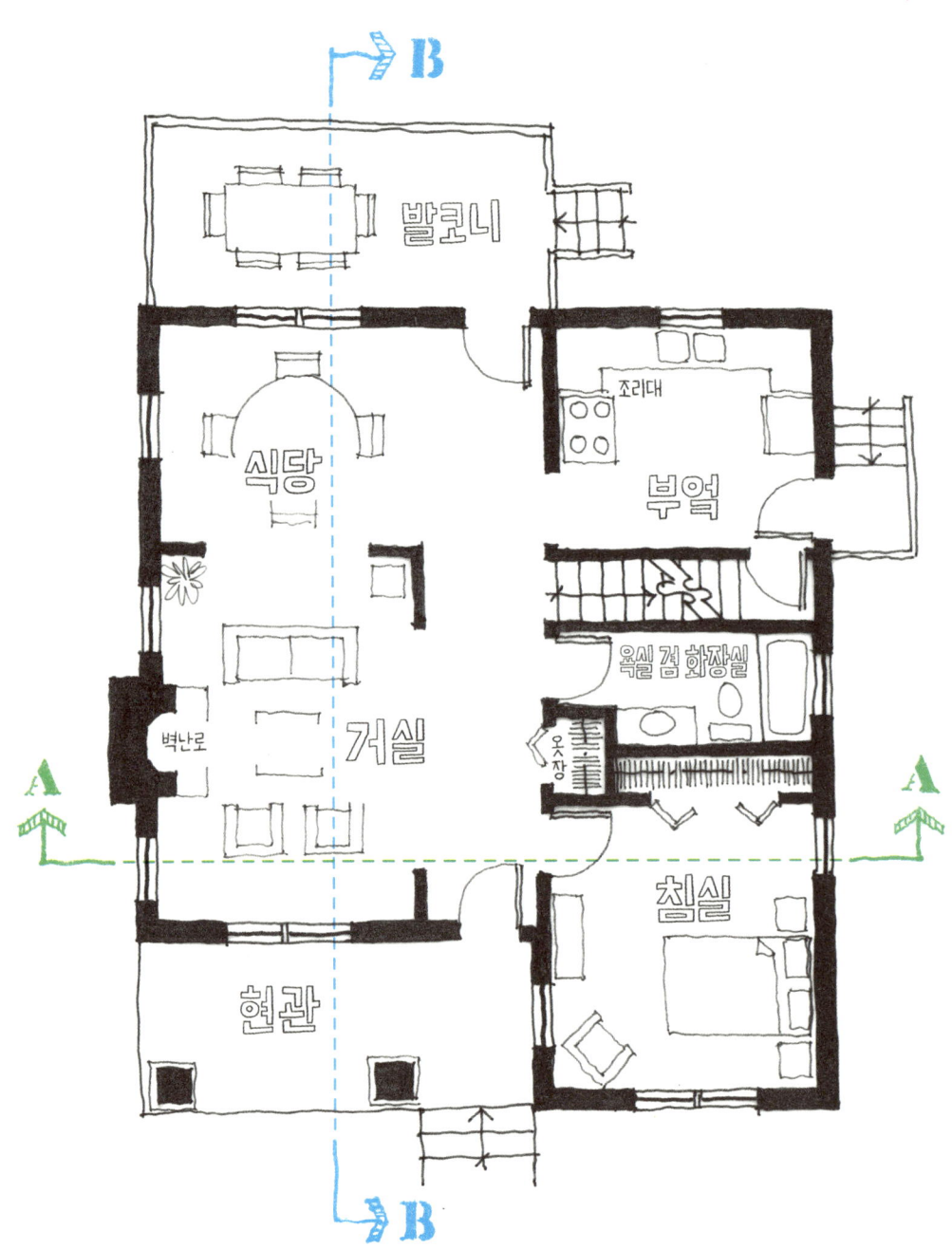

평면도

앞에서 보았던 에런의 집 평면도를 다시 볼게요. 앞에서와 달리 평면도에 A, B라고 표시된 선이 있어요. 에런의 집을 단면으로 잘라서 보려면 이 두 선이 필요해요. 선 끝에 달린 화살표는 두 선을 따라 집을 자르고 나서 바라보는 방향을 말해요. 두 단면도를 각각 '단면도 A', '단면도 B'라고 부를게요.

단면도 A는 정면에서 바라본 채로, 집을 왼편에서 오른편으로 가로지르는 선 A를 따라 잘라 낸 모습을 그린 거예요. 단면도 A에서는 거실 일부와 발코니로 향하는 문, 그리고 침실의 붙박이장을 볼 수 있어요. 평면도는 각 층만 보여 주지만, 단면도는 집의 모든 층에서 벌어지는 일을 보여 주어요. 이 집의 2층 다락방에는 온갖 잡동사니가 보관되어 있어요. 지하실에는 보일러가 있어서 그 덕분에 따뜻한 물을 공급받을 수 있지요.

단면도 A (집의 뒷부분)

단면도 B는 집의 뒤쪽에서 앞쪽으로 연결된 선 B를 따라 잘라 낸 모습을 그린 거예요. 아래 단면도 B는 집의 정면에서 보았을 때 왼쪽 부분을 치우고 오른쪽 부분을 그린 그림이에요. 60쪽 평면도 왼편에 적힌 A의 자리에서 집을 바라본 모습이지요. 이 단면도에서는 집 앞쪽의 현관과 뒤쪽의 발코니를 모두 볼 수 있어요. 또, 거실에서 복도 쪽을 바라보면 침실과 작은 옷장과 욕실의 문들이 나란히 보인다는 사실도 확인할 수 있어요.

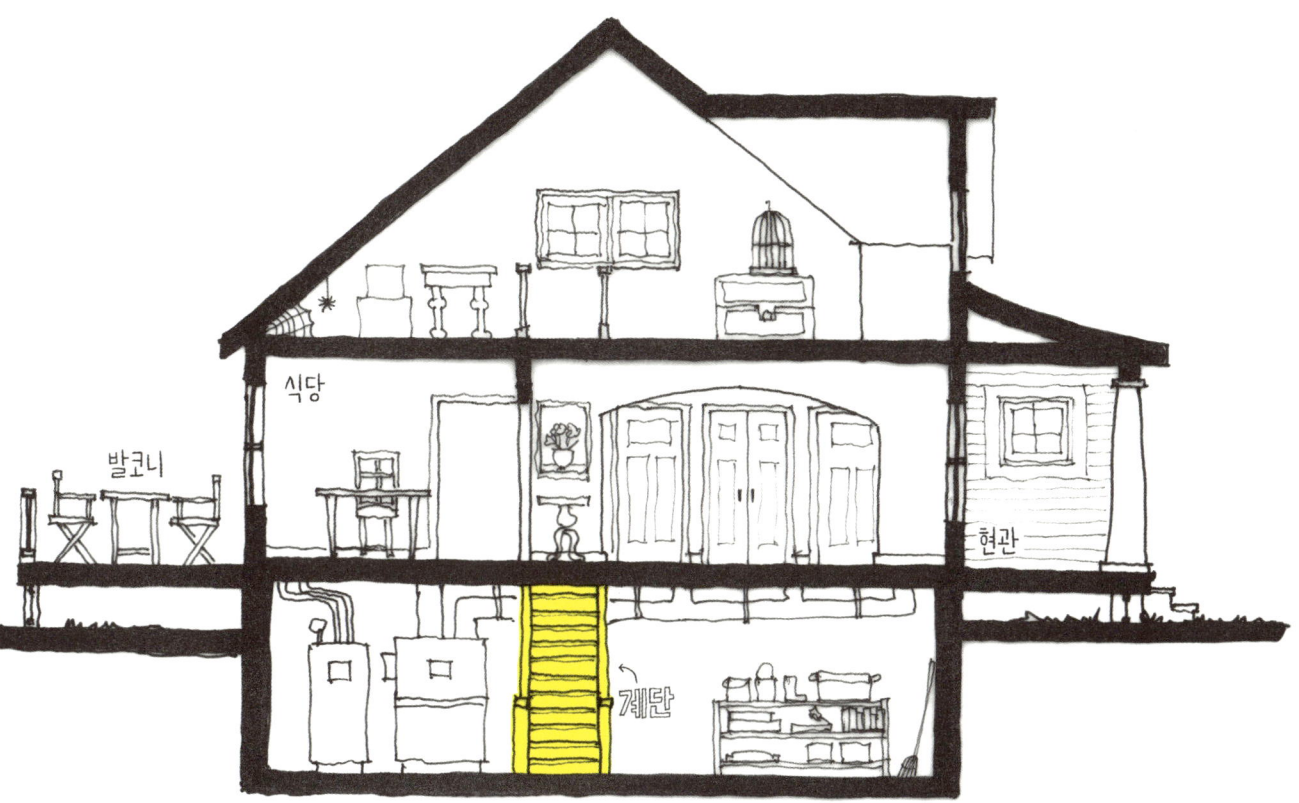

단면도 B (집의 오른쪽 부분)

집을 자르는 면을 바꾸니 보이는 집의 모습이 완전히 달라졌어요. 단면도 A와 단면도 B의 큰 차이점 가운데 하나는 계단이에요. 단면도 A에서 계단은 옆에서 본 모습이에요. 그래서 계단이 얼마나 가파른지 확인할 수 있어요. (다행히 딱 적당한 것 같아요!) 이와 달리, 단면도 B에서 계단은 앞에서 본 모습이에요. 두 단면도에서 색깔로 표시한 부분을 보세요. 확실히 다르죠? 단면도 B의 계단은 평면도의 계단처럼 사다리를 닮았어요.
이처럼 각 단면도는 저마다 다른 모습을 보여 주면서 집이 어떻게 구성되어 있는지 알 수 있게 해 주어요.

지금까지 에런의 집 내부를 살펴보았어요. 이제 집 밖으로 나가 볼게요.

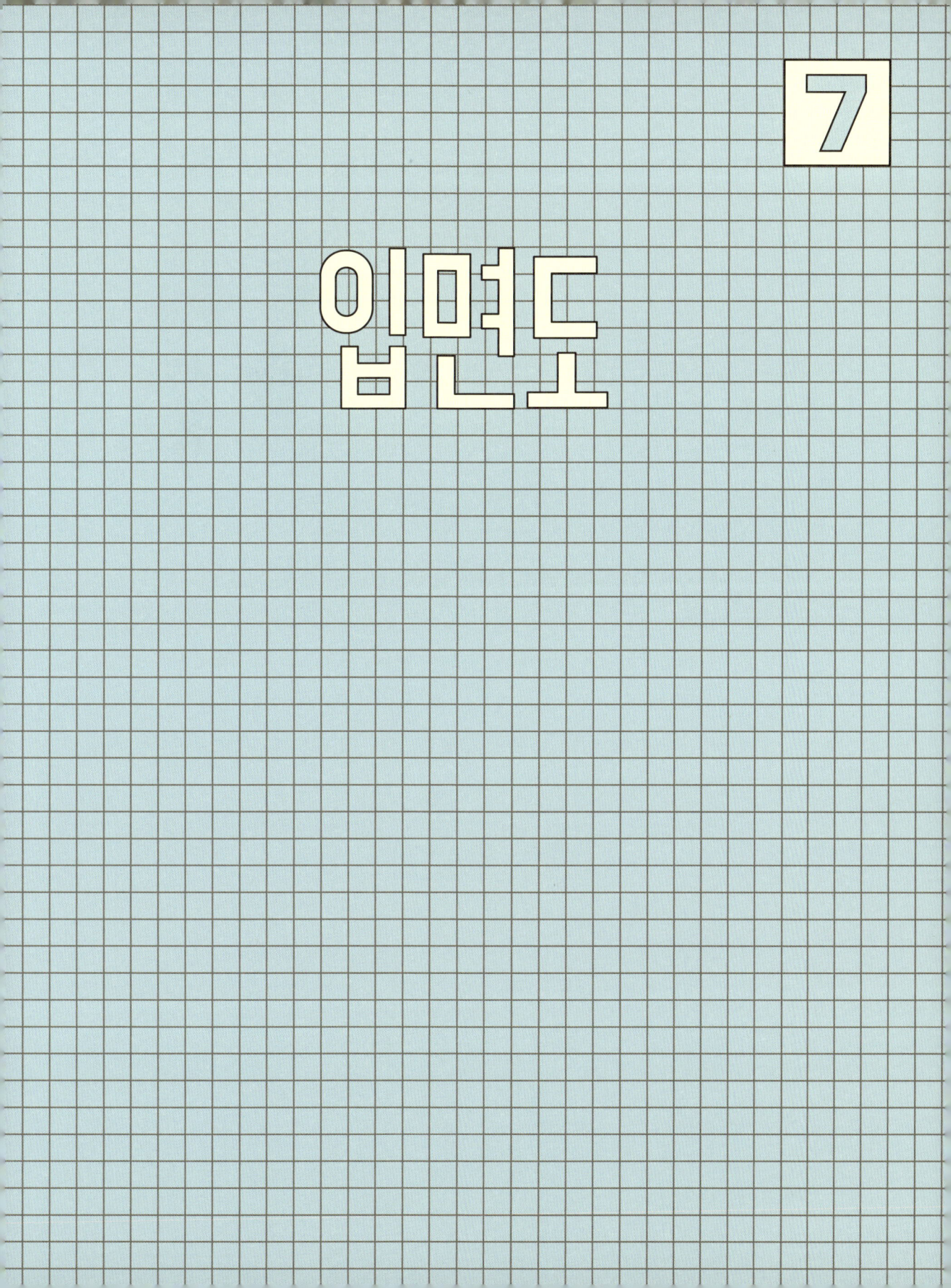

평면도와 단면도를 완성한 뒤에는 집의 겉면을 디자인해야 해요. 그러기 위해서는 입면도가 필요하지요.

'입면'은 '파사드'라고 불리기도 해요. 파사드는 건축물의 정면을 뜻하는 말이에요. 파사드(facade 혹은 façade)는 얼굴을 가리키는 영어 단어 '페이스(face)'와 비슷하게 생겼어요. 발음도 좀 비슷해요. 그래서인지 입면도는 사람의 얼굴을 그린 초상화를 닮았어요. 건축물의 '얼굴'을 그린 그림이니까요.

영화나 드라마를 찍을 때 사용하는 세트를 떠올려 보세요. 영화 세트장에 있다고 상상해 보는 거예요. 오른쪽 그림은 건물이 줄지어 늘어서 있는 거리로 꾸민 세트예요. 아마 서부 영화를 찍으려는 것 같아요. 세트로 쓰인 건물들은 앞에서 보면 진짜처럼 보일 거예요. 하지만 뒤쪽으로 가서 본다면? 임시로 만들어 설치한 구조물에 지나지 않아요. 평평한 벽을 만들어 세워 둔 것뿐이에요.

눈치챘나요? 건축물의 정면을 판판하게 표현한 그림이 입면도랍니다. 건축에 쓰이는 다른 그림들과 마찬가지로, 입면도도 건축물을 납작하게 만들어서 종이 한 장에 담은 그림이에요.

입면도는 문과 창문들이 정확히 어떻게 생겼고, 어디쯤에 위치하는지를 알게 해 주어요. 입면도를 통해 건축가는 창문이 얼마나 커야 할지, 어떤 모양이어야 할지, 또 문에서부터 얼마나 떨어져 있어야 할지를 정할 수 있어요. 입면도는 건축가에게 꼭 필요한 좋은 도구예요. 건축물을 바라보았을 때 전체적인 비례나 균형감을 검토할 수 있게 해 주기 때문이에요.

입면도는 또 다른 이유에서도 중요해요. 건축가는 건축물의 예술적인 측면도 신경을 써야 하거든요. 보기 좋은 외관을 만들려면 입면도가 꼭 필요하답니다. 건축가는 입면도를 통하여 건축물의 외관이 얼마나 균형이 잡혀 있는지, 비율이 보기 좋은지를 살펴보아요. 집의 각 요소가 서로 잘 어울리는지, 그 요소들이 어떻게 반복되고 어떤 변화를 만들어 시각적인 재미를 주는지 등도 살펴보아요.

아마 여러분도 건축물을 보면서 이건 아름답다거나 그렇지 않다는 생각을 한 적이 있을 거예요. 사람마다 선호하는 건축물의 모습이 다르겠지요. 에런도 그랬어요. 에런은 좋아하는 스타일의 건축물을 여럿 떠올렸어요. 각기 다른 스타일을 검토하며 어떤 것이 자신의 집에 어울릴지 생각해 보았어요.

먼저, 에런은 그리스나 로마 시대의 건축물처럼 '고전 스타일'의 집을 떠올렸어요.

그다음에는 유리가 많이 들어가고 지붕은 판판한 모양의 집을 떠올렸지요.
좀 더 요즘 시대에 맞는 스타일이었어요.

입면도 **69**

'빅토리안 스타일'은 너무 화려할 것 같았어요.
19세기 영국에서 유행한 빅토리안 스타일의 집은 지붕의 경사가 가파르고 장식적인 요소가 많거든요.

'프래리 스타일'도 떠올려 보았지요.
20세기의 유명한 미국 건축가 프랭크 로이드 라이트가 만든 프래리 하우스는 완만한 지붕에 지하실과 다락방이 없어 나지막한 모습이에요.

에런은 '고딕 스타일'의 성 같은 집에서 사는 것도 재미있겠다고
생각했어요. 중세 시대를 살아가는 기분으로요. 하지만 그런 모양의 집은
이 동네나 이웃집과는 어울리지 않을 거예요.

에런은 스페인의 건축가 안토니오 가우디의 건축물들도 무척 좋아해요.
하지만 이렇게 독특한 스타일도 에런이 살아갈 동네에는 잘 어울리지 않을 것 같았어요.

에런이 심사숙고 끝에 결정한 것은 '코티지 스타일'이에요. 코티지는 미국의 시골에서 흔히 볼 수 있는 작은 집을 말해요. '코티지(cottage)'라는 단어는 '코지(cozy)'를 떠올리게 해요. 코지는 '아늑하다'는 뜻이에요. 에런의 집에 있는 벽난로를 떠올려 보세요. 추운 겨울날 난로 근처에 앉아 있으면 참 아늑하겠지요?

북쪽 입면도(뒷면)

대부분의 건축물은 네 개의 입면을 가지고 있어요. 정면, 뒷면, 양쪽 측면 이렇게요. 어떤 방향을 마주 대하고 있느냐에 따라 이름을 붙이기도 해요. 북쪽 입면, 남쪽 입면, 동쪽 입면, 서쪽 입면 이런 식으로요. 에런의 집은 정면이 남쪽 입면이에요. 에런의 집이 남쪽을 바라보고 있기 때문이랍니다.

남쪽 입면도(정면)

동쪽 입면도

에런의 집은 박공지붕을 하고 있어요. 기억하나요? 한 면이 경사진 지붕 두 개가 서로 기대어 있는 것 같은 지붕이요. 마치 텐트처럼요. 이 지붕은 앞에서 보면 그냥 직사각형이지만, 양 옆에서는 삼각형으로 보인답니다. 문과 창문들은 집에 개성을 부여해요. 에런의 집 현관에는 커다란 창이 있어요. 집을 방문하는 사람들을 반겨 주는 것처럼 느껴지지요. 나무로 만들어진 앞문은 견고하고 안전해 보여요. 지붕에 난 창은 집과 잘 어울릴뿐더러 다락방으로 빛이 잘 들어오게 해 주어요.

서쪽 입면도

건축물의 입면도를 보면 어떤 공사 재료가 쓰였는지 알 수 있어요. 에런의 집에는 나무가 많이 쓰였어요. 지붕도 널빤지로 만들어졌고요. 벽난로에서 이어지는 굴뚝은 돌로 만들어졌지요. 여러 건축물들을 비교해 보세요. 오래된 성은 대부분 돌로 지어졌지만, 현대의 주택에는 유리가 많이 사용돼요. 건축물에 관하여 중요한 사항이 있어요. 세상 모든 건축물은 바닥에 붙어 있다는 거예요. 공중을 둥둥 떠다니는 건축물은 존재하지 않아요. 우리가 사는 현실에서는 그래요. 땅은 두터운 까만 선으로 표시해요. 그 선이 집을 떠받치고 지구에 딱 붙들어 두는 역할을 하지요.

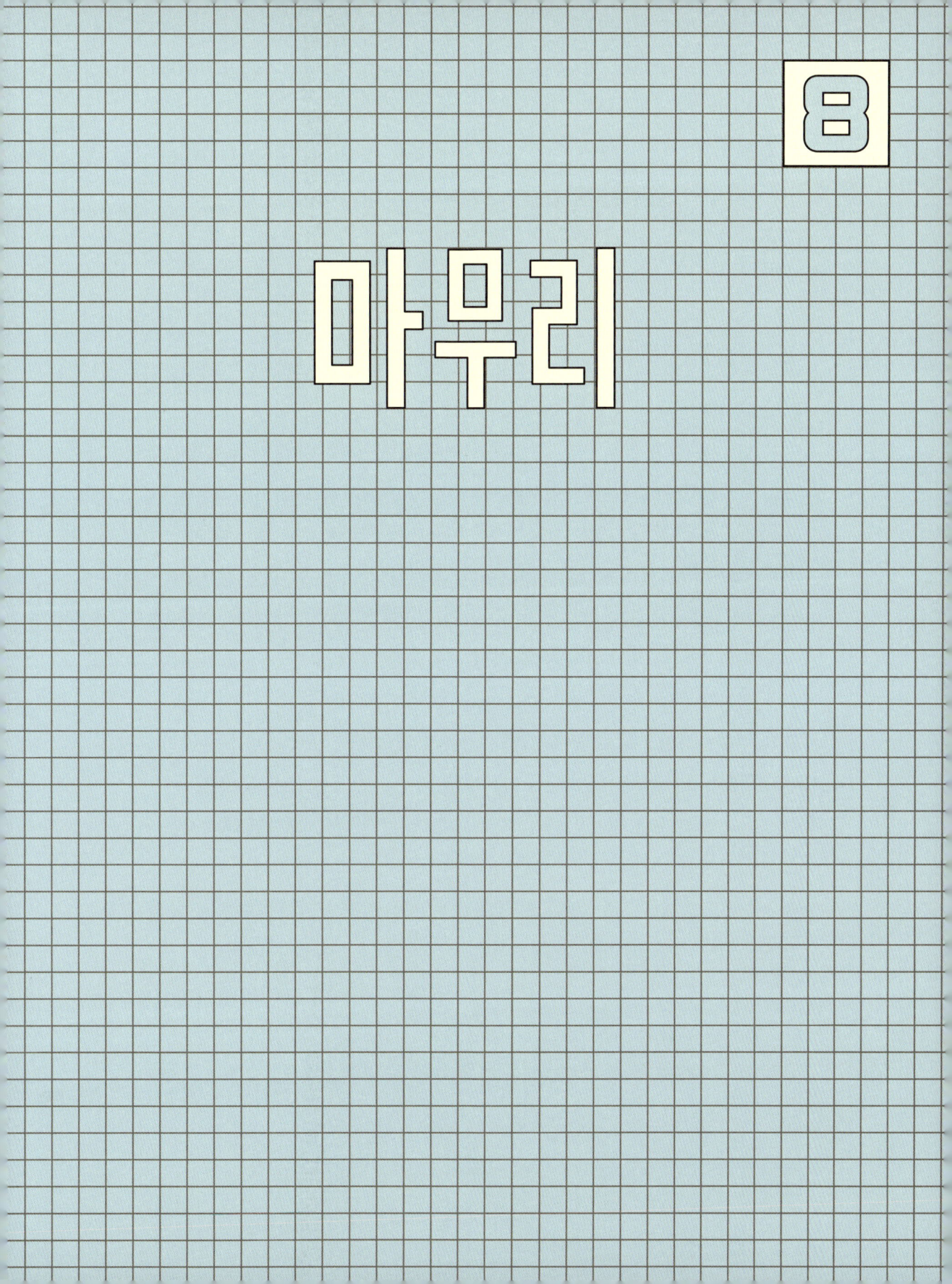

에런의 집을 짓기 위한 그림들이 모두 완성되었어요! 이 그림들이 어떻게
해서 그려졌는지 다시 한번 간략하게 돌아볼게요.

먼저, 에런은 집을 지을 땅인 대지를 찾아 정했어요. 그 대지 안에 집을
어떻게 지을지 계획을 짰어요. 태양이 어떻게 그림자를 드리우는지
바람이 어느 방향에서 불어오는지를 연구하고, 전망과 주변의 식물에
대해서도 알아보았어요. 집 밖에서 이웃 사람들이 어떻게 이동하는지도
살펴보았고요. 이 모든 것을 고려하여 대지 계획을 완성했답니다.
대지 계획을 나타낸 그림 덕분에 집이 지어질 공간과 그 안의
모든 것들을 하늘에서 내려다보듯이 볼 수 있게 되었어요.

그다음에는 평면도를 그렸어요. 마찬가지로 하늘에서 내려다보는 듯한
그림이었어요. 에런은 평면도를 그리면서 자신의 생활방식에 맞춰 방들의
위치를 이리저리 옮겨 보았어요. 가장 좋은 배치 방법을 발견할 때까지
그렇게 했지요.

그다음에 그린 단면도는 집을 수직으로 잘라서 본 그림이었어요. 단면도를
통하여 집 구석구석 모든 것들이 적당한 자리를 잡고 잘 배치되어
있는지를 확인했어요.

마지막에는 건물의 겉모습을 디자인했어요. 입면도를 그렸지요. 에런은
예술적인 감각을 발휘하여 자신의 집에 개성을 불어넣었어요.

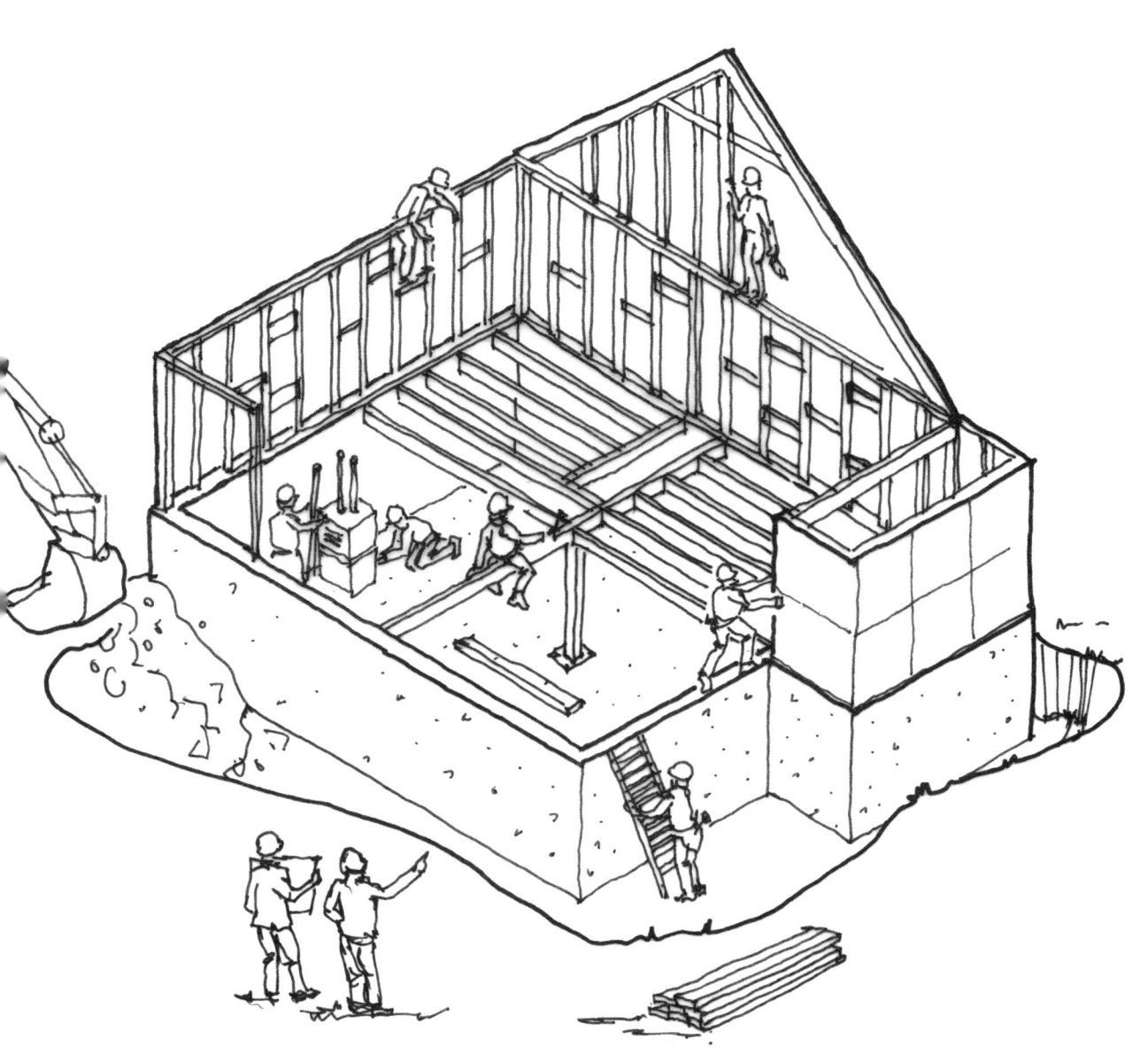

마무리 81

그림들이 모두 완성되었지만 이걸로 끝은 아니었어요. 실제로 집을 지어야 하니까요.

에런은 그가 그린 그림들을 집의 공사를 담당할 사람들에게 보여 주었어요. 이들은 집을 짓기 위한 재료를 사고, 공사 현장에서 일할 인부들을 고용했어요. 목수, 석공, 지붕을 담당할 사람, 칠을 해 줄 사람, 배관공, 전기공, 조경사 등이 집을 짓기 위해 모였어요. 사람들은 에런의 그림을 살펴보면서 맡은 일을 어떻게 해야 할지 이해할 수 있었지요.

시공 팀은 에런의 집이 놓일 자리에 큰 구멍을 팠어요. 지하실을 만들기 위해서였어요. 지하실을 둘러싼 벽들 위에는 나무로 된 뼈대를 깔고, 그 위에 집의 바닥을 붙였어요. 그러고는 집 가장자리를 따라 합판을 빙 둘러 박아서 집의 얼개를 만들었어요. 문과 창문을 낼 곳은 잘라 냈지요. 그 위에 지붕을 얹고 나자 집의 바깥 부분이 얼추 완성되었어요.

이제 집 안 공사를 할 차례였어요. 안쪽 벽과 천장을 세운 다음, 바닥 공사를 하고 벽에 칠을 했어요. 전기와 가스, 배관 공사를 하고 난방 장치와 조명까지 설치하자, 마침내 에런이 와서 살 준비가 다 되었답니다.

이 책을 읽으면서 건축의 예술적인 측면과 과학적인 측면에 대하여 조금은
알게 되었을 거예요. 어떤 건축물은 멋진 예술 작품처럼 보여요. 하지만
모든 건축물은 기본적으로 사람이 실제로 생활하고 일하고 놀고 휴식도
하는 공간이에요. 그래서 아름다운 동시에, 그 안에서 살아가는 사람들을
잘 보호할 수 있어야 해요. 지금까지 살펴본 여러 그림들은 건축물이
적당한 형태와 기능과 안정성을 두루 갖추기 위하여 필요하답니다.

건축가가 되기 위해서는 몇 년씩 걸리는 정식 훈련을 받아야 해요. 보통은
에런처럼 젊은 나이에 건축가로서 첫발을 내디뎌요. 건축가는 무언가를
그리고, 창조하고, 짓는 일을 해요.

에런의 그림들을 찬찬히 따라가 보세요. 그 과정 그대로 이번에는
여러분의 특별한 집을 만들기 위한 그림들로 바꿔 보세요. 여러분이
꿈꾸는 멋진 집을 만드는 데에 에런의 그림들을 토대로 사용해 보세요.
기억하세요. 좋은 건축은 우리의 집과 동네, 도시, 더 나아가 나라 전체까지
함께 고려해요.

자, 밖으로 나가서 마음껏 여러분의 집을 떠올리고 디자인해 보세요!

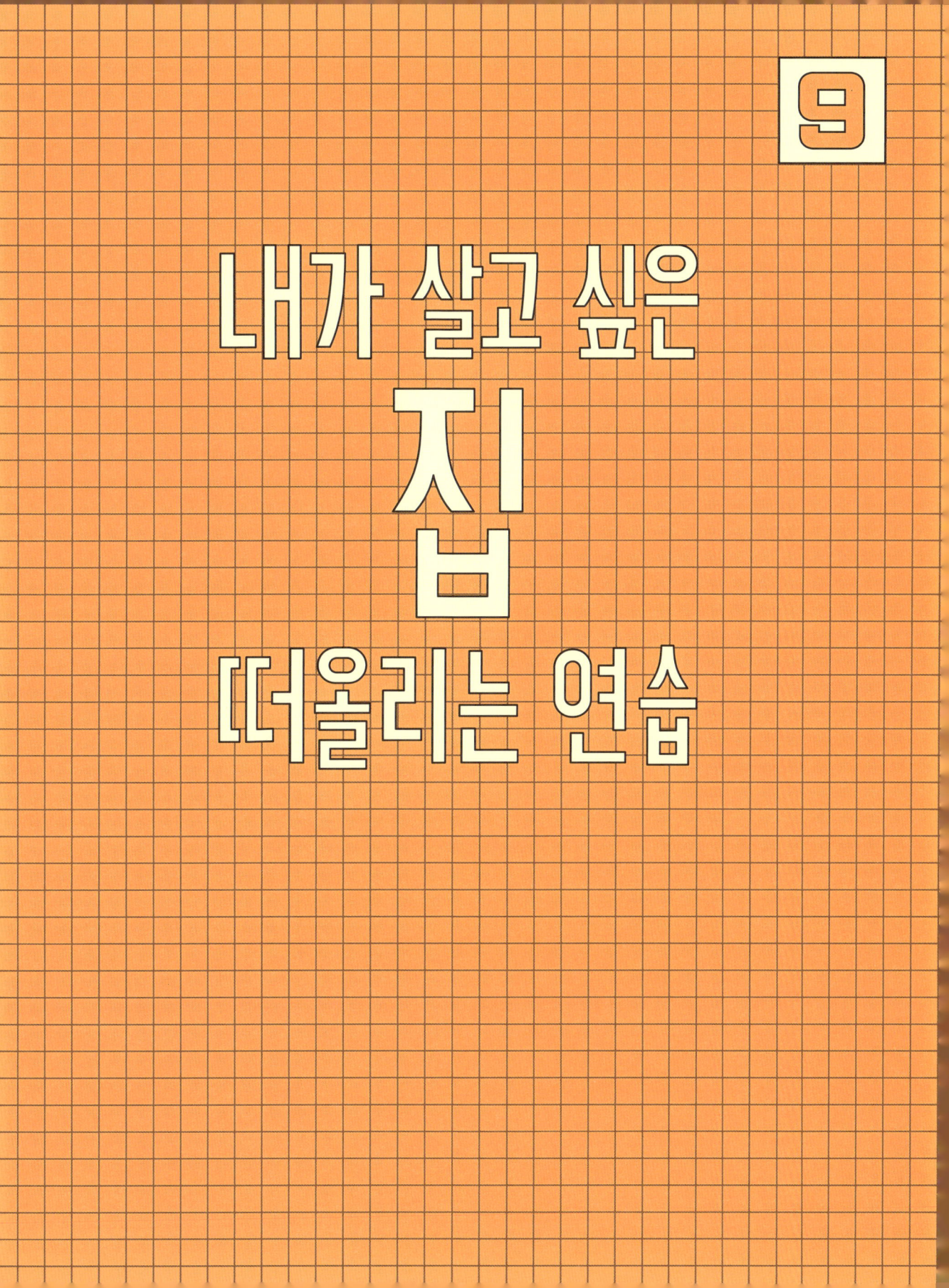

'건축'이라는 단어를 사전에서 찾아보면 이렇게 풀이가 되어 있어요.

건축 집이나 성, 다리 따위의 구조물을 그 목적에 따라 설계하여 흙이나 나무, 돌, 벽돌, 쇠 따위를 써서 세우거나 쌓아 만드는 일.

말하자면 주변에서 볼 수 있는 여러 건물을 포함하여 그와 유사한 큰 구조물을 만드는 모든 과정이 바로 '건축'이에요. 아주 오래전 사람들이 살던 오두막부터 현대의 아파트, 예배를 드리는 성당이나 부처님을 모시는 절, 경기장이나 공연장, 임금님이 살던 궁궐은 물론, 시내 한복판에 지어진 높디높은 빌딩이나 타워까지 이 모든 것을 만드는 일이 건축이에요.

우리와 가장 가까운 건축물은 아마 집일 거예요. 집은 우리가 매일 잠을 자고 식사를 하고 생활하는 공간이지요. 앞에서 우리는 집이 만들어지는 과정을 간략히 살펴보았어요. 건축에서 꼭 필요한 몇몇 그림들과 함께요. 건축가가 꿈인 친구가 있다면 이 그림들이 더욱 흥미롭게 여겨졌을 거예요. 하지만 꼭 건축가만을 위한 그림은 아니에요. 이 그림들은 우리가 사는 공간에 대하여 생각해 보는 훌륭한 도구가 될 수 있어요.

건축은 우리가 살아가는 공간과 관련이 있답니다. 그 공간에는 우리가 사는 집, 마을, 도시, 나라, 더 나아가 지구가 모두 포함되지요. 집은 작은 단위에서 생각해 볼 수 있는 '나의 공간'이에요. 여러분은 어떤 공간에서 살아가고 싶나요?
이 책에 나온 내용을 토대로 앞으로 살고 싶은 '나의 공간'에 대하여 떠올리는 연습을 해 보세요.

연습①: 종이에 직접 그려 보기

건축가의 그림은 다른 예술 작품처럼 그저 감상을 하기 위한 것이 아니고, 분명한 목적을 가져요. 건축가의 그림은 무엇보다도 건축물을 만들기 위한 것이지요. 건축가는 머릿속으로 상상하고 계획한 건축물을 모형이나 그림으로 표현해요. 손으로 직접 쓰거나 그리면 상상을 더 구체적으로 할 수 있답니다.

'내가 살고 싶은 집'을 떠올리는 첫 번째 단계는 종이에 직접 무엇이든 그려 보는 일이에요. 여러분이 좋아하는 걸 자유롭게 그려 보세요. 내가 좋아하는 게 뭔지 한번 떠올려 보는 거예요. 잘 떠오르지 않는다면 주위를 돌아보세요. 여러분 눈에 가장 인상적으로 보이는 걸 한번 찾아보세요. 더 자세히 들여다보고 싶은 사물이 있나요?

그림에 자신이 없다면 그냥 낙서를 해도 괜찮아요. 좋아하는 재료로, 좋아하는 색으로 아래 공간에 마음껏 낙서해 보세요.

더 큰 종이에도 해 보세요.

연습② : 좋아하는 건축물 찾기

이번에는 여러 건축물을 살펴보는 시간이에요. 내가 살고 싶은 집에 대한 좋은 생각이 떠오를 수도 있어요.

인터넷이나 책에서 찾아보고 마음에 드는 건축물을 하나 골라 보세요. 왜 이 건축물이 마음에 드나요? 이 건축물이 어떤 특징을 가졌는지 조사해 보세요. 건축물의 사진을 보고 특별히 마음에 드는 부분을 따라 그려 보세요. 지붕, 벽, 창과 창문도 유심히 살펴보세요.

고른 건축물 이름 :

사진을 출력해서 붙여도 좋아요.

연습③ : 짓고 싶은 건축물 떠올리기

집, 역, 쇼핑몰, 교회, 학교, 다리, 사무실, 공연장 등 우리가 사는 세상에는 정말 다양한 건축물이 있어요. 건축가가 되었다고 상상해 보세요. 어떤 건축물을 짓고 싶은가요?

짓고 싶은 건축물 :

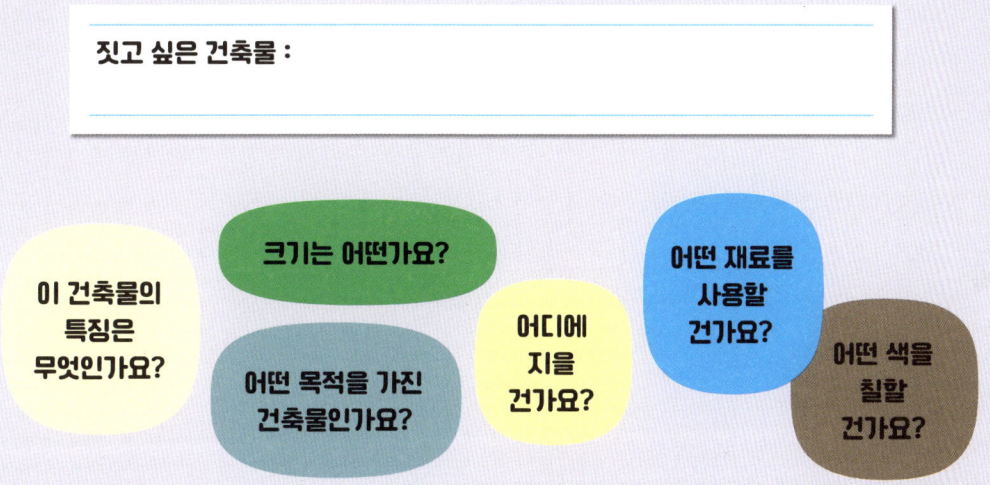

앞에서 적은 답을 토대로 여러분이 짓고 싶은 건축물을 그림으로 그려 보세요.

그림 실력은 별 상관이 없어요. 성의껏 한번 그려 보세요.

연습④ : 미래의 나의 집 상상하기

집은 가장 익숙하고 편안한 곳이에요. 우리는 집에서 휴식을 취하고, 좋아하는 일을 하고, 사랑하는 가족이나 친구들과 시간을 보내요. 집은 우리를 감싸고 보호하며 세상으로 나갈 힘을 주지요.
사람은 누구나 환경의 영향을 받아요. 좋은 공간에 살면 삶의 질이 높아진답니다.
하지만 화려하고 크다고 해서 꼭 좋은 공간이라고 할 수는 없어요.
여러분은 어떤 집에 살고 싶나요? 여러분에게 좋은 집이란 어떤 공간인가요?
'좋은 집'은 나와 잘 어울리고, 깨끗하고 안전하며, 내가 좋아하는 것들이 있는 곳일 거예요.
'나의 집'에는 나의 개성과 이야기가 담겨 있어요.
여러분이 살고 싶은 집은 어떤 공간일지 차근차근 떠올려 볼까요? 먼저 내가 좋아하는 장소가 어디인지 생각해 보세요. 떠올리면 기분이 좋고 즐거움을 주는 장소가 있나요?

내가 좋아하는 공간을 하나의 단어나 문장으로 표현한다면?

왜 그 장소가 좋은가요? 그 장소와 관련된 기억이 있나요?

이제 어른이 된 나의 모습을 상상해 보세요.
나는 무엇을 하는 사람인가요? 누구와 살고 있나요? 반려동물이 있나요?
어디에 살고 있나요? 도시에 살고 있나요? 나의 취미는 무엇인가요?
나는 어떤 집에 살고 있을지 떠오르는 대로 적어 보세요. 밖에서 본 모양, 집 안에
있었으면 하는 공간, 가구, 사물 등을 글로 적어 보고, 그림으로도 그려 보세요.

한 번에 잘 떠오르지 않을 수도 있어요.
그렇다면 지금은 다음으로 넘어가도 좋아요.
이어지는 내용을 보다가 새로운 아이디어가 떠오르면
다시 돌아와서 생각을 기록해 보세요.

연습⑤ : 내가 살고 싶은 동네 떠올리기

건축물이 들어설 땅을 '대지'라고 부른다고 했어요. 여러분이 살고 싶은 집을 짓기 위해 대지를 마련한다고 상상해 보세요. 이 공간을 충분히 활용해서 살기 좋고, 편리하고, 보기에도 아름다운 집을 짓고 싶어요. 나의 집은 어디에 위치하면 좋을까요? 내가 고른 대지에 대해서 생각해 보세요.

- 살고 싶은 도시가 있나요? 왜인가요?
- 한적한 시골인가요, 활기찬 도시인가요?
- 집 주변에 어떤 시설이 있으면 편리할까요?
- 창밖으로 어떤 풍경이 보이면 좋을까요?
- 근처에 산이나 강, 호수 등이 있나요? 얼마나 떨어져 있나요?
- 주변에 큰 도로가 있나요? 집으로 통하는 길이 몇 개인가요?

건축물은 대부분 혼자 존재하지 않아요. 우리가 사는 집은 다른 집들과 함께 마을을 이루고 도시를 이루지요. 좋은 집은 주변의 다른 집이나 건축물과 잘 어울려야 해요. 또한 다른 집과 적당한 거리를 유지하여 서로의 사생활을 충분히 보호해 주어야 하지요. 여러분의 집 주변을 한번 관찰해 보세요. 어떤 점이 좋고 어떤 점이 아쉬운가요?

앞서 관찰한 내용과 에런의 집 주변 풍경을 참고하여 내가 살고 싶은 집과 그 주변 풍경을 간단히 그려 보세요.

연습 ⑥ : 대지 계획 살펴보기

다음은 집을 짓기 위한 계획을 담은 그림이에요. 이 그림에서 어떤 것들을 발견할 수 있나요?
오른쪽 질문을 보고 발견한 것을 적어 보세요.

정원에는
무엇이 있나요?

나무들은 어떤
역할을 할까요?

방위를
나타내는 기호를
찾아보세요.

어디가
북쪽인가요?

이 집에는
어떤 동물이
있을까요?

이 집은
도로와 얼마나
가까운가요?

주차장이 있나요?
어디에 있나요?

집을 짓기 위한
땅이 항상 네모반듯할
수는 없어요.
이 그림에서 대지의
모양은 어떠한지
살펴보세요.

집에 들어서서
현관까지 오는
경로를 모두 찾아서
손가락으로
짚어 보세요.

또 무엇을
발견했나요?

연습 ⑦ : 내가 세우는 대지 계획

아래 질문과 에런의 그림을 참고하여 내가 살고 싶은 집의 대지 계획을 세워 보세요. 방위를 표시하는 기호도 그려 보세요. 색칠을 해도 좋아요.

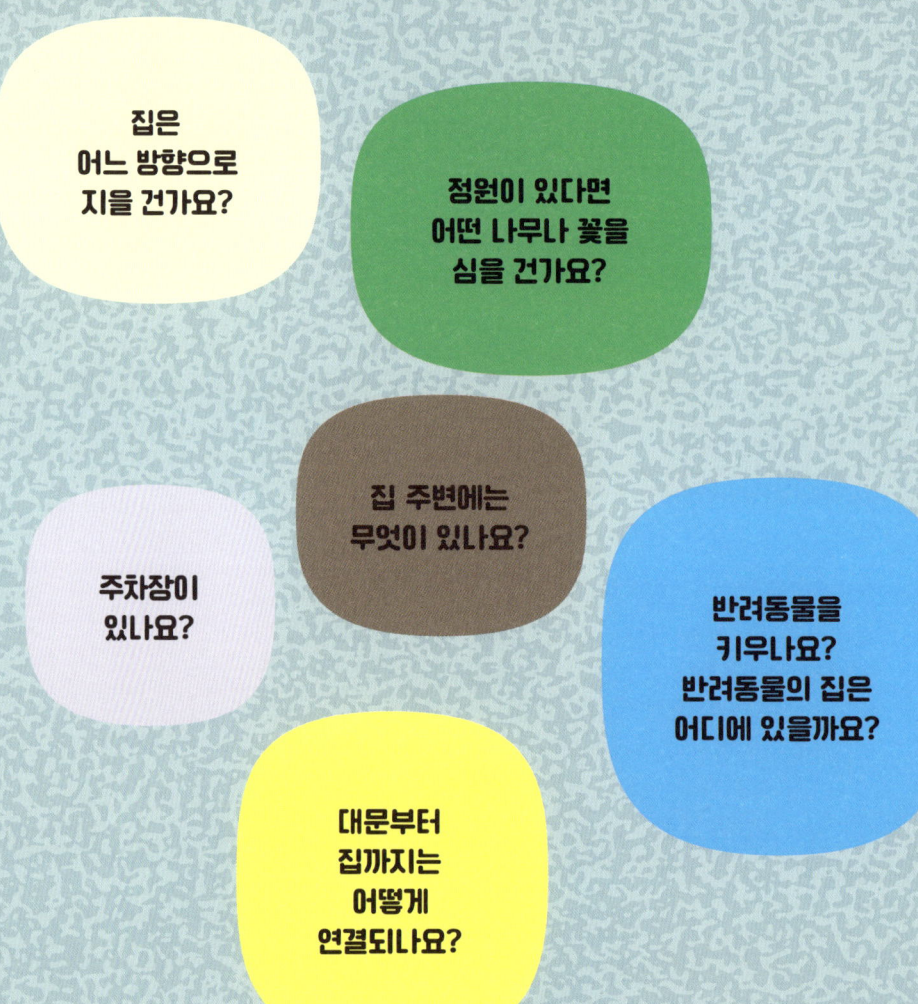

집은 어느 방향으로 지을 건가요?

정원이 있다면 어떤 나무나 꽃을 심을 건가요?

집 주변에는 무엇이 있나요?

주차장이 있나요?

반려동물을 키우나요? 반려동물의 집은 어디에 있을까요?

대문부터 집까지는 어떻게 연결되나요?

연습⑧ : 축척 이해하기

큰 사물을 종이에 그릴 수 있을 정도로 작게 그리려면 축척이 필요해요.

축척은 사물을 줄이는 일정한 비율이라고 했어요. 축척을 사용하는 연습을 해 볼게요.

다음 그림을 3분의 1로 줄여서 그려 보세요. 축척이 3분의 1인 그림을 그리는 연습이에요.

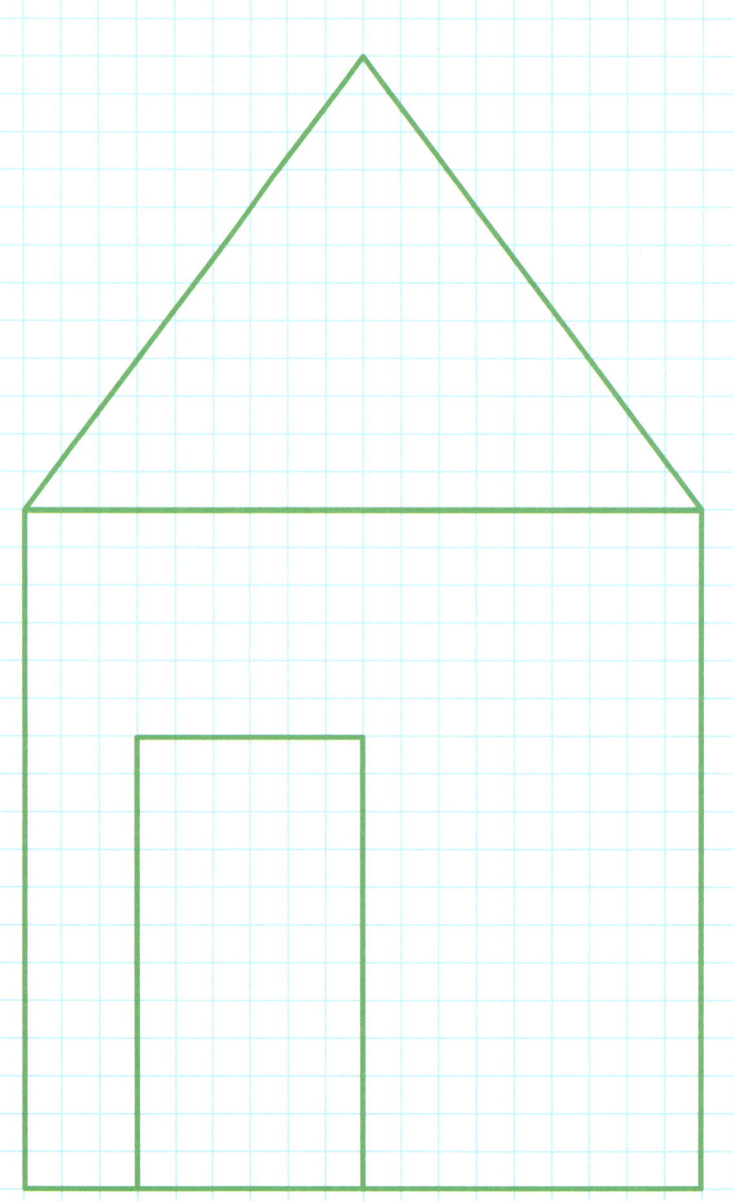

연습 ⑨ : 기호 따라 그리기

건축물을 만드는 과정은 복잡하고 까다롭고 오래 걸려요. 또한 건축가는 혼자서 일하지 않아요. 자신의 생각을 표현한 그림을 여러 사람에게 보여 주고 오랜 시간 함께 일을 해야 하지요. 그래서 건축가의 그림에서는 누구나 알아볼 수 있는 기호를 사용해요. 벽이나 창문, 문 등은 거의 모든 건축가가 똑같은 기호를 사용해서 표현해요. 하지만 몇몇은 알아볼 수 있는 선에서 자신만의 기호를 사용하기도 한답니다.

43쪽에 나온 기호를 따라 그리면서 익혀 보세요. 나만의 기호도 만들어 보세요.

벽		소파	
문		의자	
창문		식탁	
계단		욕조	
벽난로		싱크대	
나의 기호 : 오디오	나의 기호 : 화분	나의 기호 : 책장	나의 기호 : 침대

연습⑩ : 평면도 이해하기

평면도는 위에서 내려다본 건축물의 모습을 그린 그림이에요. 사물을 옆에서 본 모습과 위에서 내려다본 모습은 어떻게 다를까요? 손잡이가 있는 컵을 하나 가져와서 여러 방향에서 살펴보세요. 위에서 본 모습, 그림이 그려져 있다면 그림을 마주 보았을 때 모습, 그림이 없는 쪽에서 본 모습, 뒤집어서 본 모습 등 컵을 여러 방향에서 보고 각각의 모습을 그려 보세요.

왜 건축가에게 평면도가 필요할까요? 공간을 위에서 내려다보면 어떤 점이 좋을까요?

연습⑪ : 평면도 살펴보기

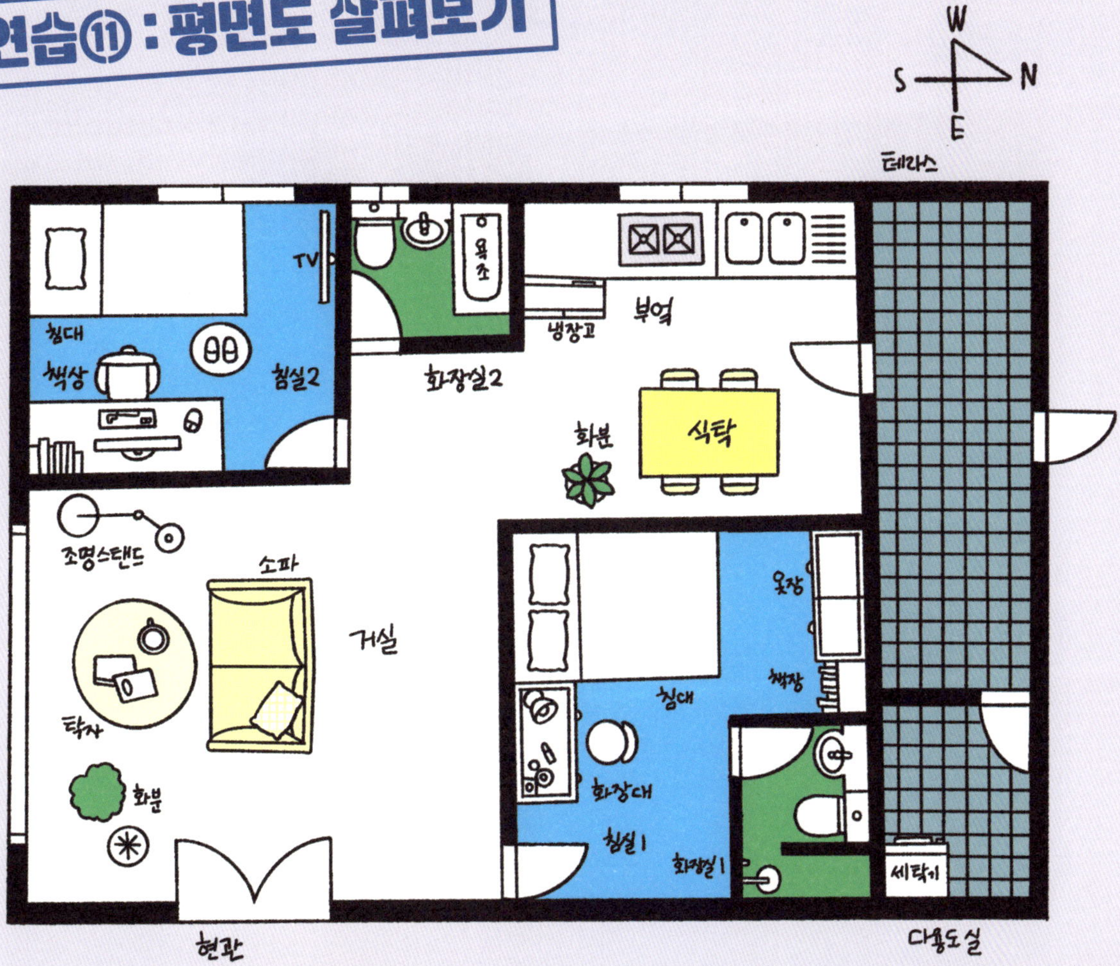

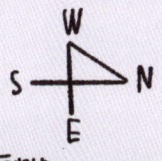

- 현관에 들어섰을 때 무엇이 가장 먼저 보일까요?
- 거실 창문은 어느 방향으로 나 있나요?
- 거실 맞은편에는 무엇이 있나요?
- 테라스가 있나요?
- 침실은 몇 개인가요?
- 지하실이 있을까요?
- 화장실은 몇 개인가요? 어디에 있나요?
- 부엌은 거실에서 얼마나 떨어져 있나요?
- 창고가 따로 있나요?
- 보일러는 어디에 두면 좋을까요?

연습⑫ : 우리 집 평면도 그리기

지금 내가 살고 있는 우리 집 평면도를 한번 그려 볼게요. 정확하지 않더라도 실제로 길이를 측정하고 축척을 사용하여 그려 보세요. 우선 오른쪽 예시처럼 사각형을 그리고 각 공간의 가로세로 길이를 측정하여 적어 보세요.

그런 다음 집 전체를 표시하는 큰 테두리를 그리고, 그 안에 각 공간을 위치에 맞게 넣어 보세요. 앞에서 배운 기호를 사용하여 문과 창문의 위치도 표시해 보세요.

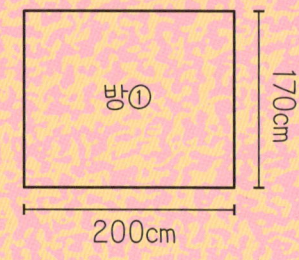

보통 거실은 여러 사람이 모이는 장소이고, 각 방과 모두 연결되기 때문에 집의 가운데에 위치해요. 또한 부엌은 대부분 식탁이 놓인 공간과 가까이에 있지요. 에런의 집처럼요. 하지만 반드시 그래야 한다는 법은 없어요. 방의 위치를 정할 때는 방 주인의 생활이나 다른 사람과의 관계를 생각해야 해요. 여러분의 방 위치는 어떤가요? 어떤 점이 좋은가요? 불편한 점이 있나요?

우리 집 평면도를 보면서 크기나 위치를 바꾸고 싶은 곳이 있는지 살펴보세요. 어떻게 바꾸고 싶나요? 그렇게 바꾸면 어떤 점이 좋을까요?

연습⑬ : 내가 살고 싶은 집 평면도 그리기

이번에는 내가 앞으로 살고 싶은 집 안을 떠올려 볼 차례예요. 아래 질문에 대하여 생각해 보세요.

- 집의 크기는 어떤가요?
- 내 방은 어디에 있나요?
- 누구랑 함께 사나요?
- 이 집은 어떤 점이 특별한가요?
- 창문이 많나요?
- 화장실은 몇 개?

정리한 생각을 토대로 내가 살고 싶은 집의 평면도를 그려 보세요.

연습 ⑭ : 인테리어 디자인하기

벽지와 가구, 커튼 등을 고르고 물건들을 어떻게 배치할지를 정하는 등 실내 공간을 꾸미는 일을 '인테리어 디자인'이라고 해요. 인테리어 디자인은 건축하고는 다르지만, 둘 다 사람들이 원하는 공간을 만드는 일과 관련이 있어요. 건축이 나와 잘 맞는 옷을 고르는 일이라면, 인테리어 디자인은 그 옷에 어울리는 장신구나 가방 등을 더하는 일하고 비슷해요. 건축과 마찬가지로 인테리어 디자인에는 집주인의 취향이 많이 반영되어요. 미래의 집을 떠올리면서 실내 공간을 어떻게 꾸밀지도 상상해 보세요. 그 집이 더 생생하게 다가오겠지요? 먼저 거실을 꾸며 볼게요. 미래의 나는 거실에서 주로 어떤 일을 할까요? 어떤 분위기의 거실을 만들고 싶나요? 조명은 어떤 게 좋을까요? 거실을 꾸미는 데에 쓰고 싶은 색상을 몇 가지 골라 보세요. 거실에 어떤 가구를 놓을지 생각해 보세요. 거실에 꼭 두고 싶은 물건의 목록도 적어 보세요.

나의 방은 나와 꼭 닮은 공간이에요. 내가 좋아하는 나의 물건이 가득한 곳이지요. 내 방에는 어떤 가구들을 놓으면 좋을까요? 내 방에 어울리는 가구의 모습을 떠올리고 그려 보세요.

이제 그 가구들을 어떻게 배치하면 좋을까요? 내가 꾸미고 싶은 방의 모습을 그려 보세요. 앞에서 배운 평면도 그리기를 참고하여 문과 창문, 가구를 배치하세요. 색칠도 해 보세요. 벽지와 커튼, 침구를 어떤 색으로 하고 싶은지도 떠올려 보세요.

연습 ⑮ : 단면도 이해하기

평면도는 집을 납작하게 표현한 그림이에요. 방의 위치나 사람들이 움직이는 동선, 각 물건들의 배치를 한눈에 살펴보기에 편리해요.
단면도는 인형의 집을 들여다보듯 집을 수직으로 쪼개서 그린 그림이에요. 집의 모든 층을 입체적으로 바라보고 구석구석 살펴볼 수 있게 해 주지요.
아래 평면도 위에 A와 A를 잇는 가로선을 연필로 그어 보세요. B와 B를 잇는 세로선도 그어 보세요.

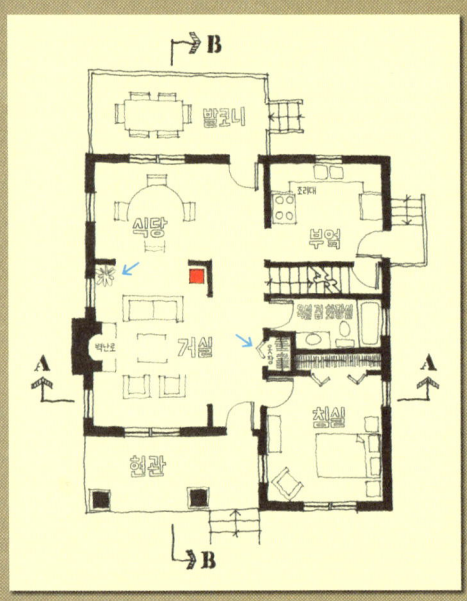

평면도

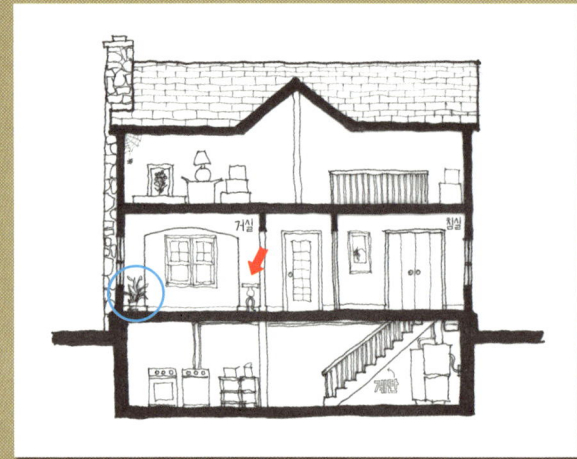

단면도 A (뒷부분)

단면도 A에서 동그랗게 표시된 화분을 평면도에서 찾아보세요.

단면도 B에서 동그랗게 표시된 문을 평면도에서 찾아보세요.

평면도에서 빨간색으로 표시한 물건을 두 단면도에서 찾아보세요.

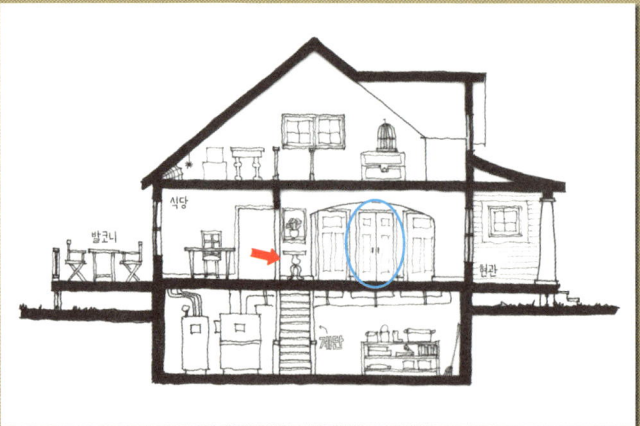

단면도 B (오른쪽 부분)

연습⑮ : 내가 살고 싶은 집 단면도 그리기

앞에서 그린 우리 집 평면도에 가로선이나 세로선을 그어 보세요. 이 선을 따라 집을 잘라 둘로 나눈다고 생각해 보세요. 잘린 두 부분의 단면을 각각 그림으로 그려 보세요.

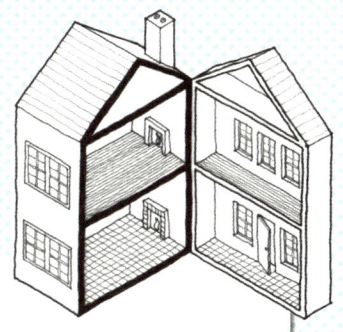

연습⑰ : 건축 재료 살펴보기

동네를 걷다가 마주치는 건축물의 벽을 살펴보세요. 벽을 가볍게 두드려 보세요.
벽의 모양과 색깔을 관찰하고, 어떤 재료를 썼는지 짐작해서 써 보세요.

어떤 모양 :

어떤 색깔 :

어떤 재료 :

건축에 쓰이는 재료는 시대에 따라 달라져요. 예전에는 나무나 벽돌을 많이 썼지만, 요즈음은 콘크리트나 유리도 많이 사용해요. 다양한 건축 재료는 저마다 다른 특색을 가지고 있지요.

내가 살고 싶은 집의 벽은 어떤 재료로 만들어질까요? 앞에서 배운 벽의 역할을 떠올려 보세요. 여러분이 살고 싶은 동네의 기후와 환경을 고려하여 본문 18쪽에서 마음에 드는 벽을 골라 보세요. 왜 그 벽이 마음에 드는지 이유도 적어 보세요.

고른 벽 :

마음에 드는 이유 :

연습 ⑱ : 내가 살고 싶은 집의 지붕 그리기

지붕의 모양도 시대나 지역에 따라 달라져요. 우리 전통 가옥인 한옥을 본 적이 있나요? 한옥의 지붕은 지금 우리가 흔히 볼 수 있는 평평한 지붕과는 생김새가 많이 다르지요. 여러분이 살고 싶은 집은 지붕이 어떻게 생겼나요? 자유롭게 떠올리고 한번 그려 보세요. 왜 이런 모양의 지붕을 떠올렸는지 이유도 적어 보세요.
(본문 23~24쪽을 참고하세요.)

연습⑲ : 내가 살고 싶은 집의 문 그리기

문은 집의 내부와 외부를 연결해 주고, 집의 첫인상을 결정하는 중요한 요소예요.
우리는 매일 문을 통해 집의 안팎을 드나들지요. 문은 사람들이 드나들기 좋은 위치에
있어야 해요. 그리고 집을 안전하게 지켜 줄 수 있을 만큼 튼튼해야 해요.
내가 살고 싶은 집에는 어떤 문이 있나요? 떠올린 문의 모양을 그려 보세요.
문이 여럿이고 모양이 다르다면 각각 그려 보세요. (본문 20쪽을 참고하세요.)

연습 ⑳ : 창문에 대하여 생각하기

빛이나 바람, 공기나 냄새가 밖에서 어떻게 들어오느냐는 실내 공간의 분위기를 좌우해요. 이때 중요한 것은 창문이에요. 창문의 크기나 위치에 따라 집 안에 빛이 어떻게 들어오고, 집 안의 공기가 어떻게 순환하는지가 달라지지요. 창문이 꼭 크거나 많다고 해서 좋지만은 않아요. 겨울에 찬 바람이 실내로 많이 들어올 수도 있고, 밖에서 실내가 너무 훤히 보일 수도 있으니까요.

대부분의 창문은 네모난 모양이지만, 간혹 동그랗거나 옆으로 긴 모양도 있어요. 벽이 아니라 지붕 쪽에 창을 내는 경우도 있답니다.

어두운 곳에 있을 때와 환한 곳에 있을 때 느낌이 어떻게 다른가요?
어떤 공간이 특별히 환해야 할까요?

환기가 잘 되게 하려면 창문이 어떻게 배치되어야 할까요?

거실의 창문과 침실의 창문은 어떻게 달라야 할까요?

내가 살고 싶은 집의 창문을 떠올려 보세요. 창문이 어떻게 생겼나요?
어떤 위치에 몇 개나 있나요? 특별히 만들고 싶은 창문이 있나요?

연습 ㉑ : 입면도 이해하기

다음 대지 계획과 평면도, 네 개의 입면도를 비교하여 보세요.
각 입면도는 어느 방향에서 바라본 집의 모습일까요?

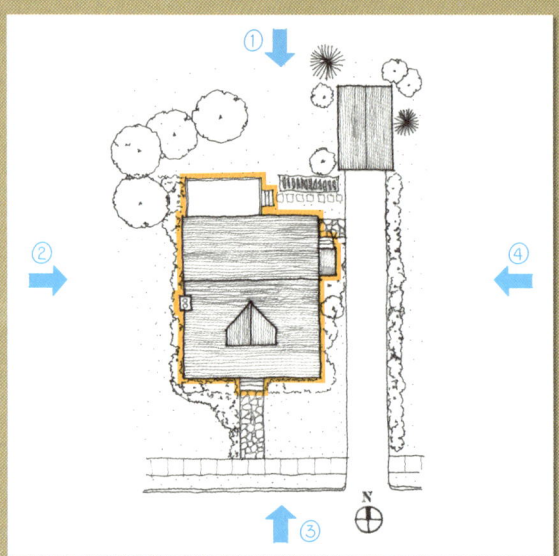
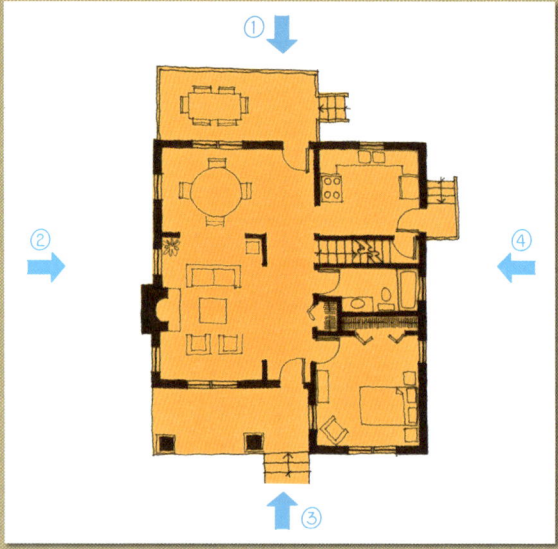

연습 ㉒ : 내가 살고 싶은 집 입면도 그리기

내가 살고 싶은 집의 정면을 바라본 모습을 떠올려 보세요. 문과 창문은 어떻게 배치되어 있나요? 지붕은 어떤 모양인가요? 앞에서 그린 내가 살고 싶은 집 평면도의 벽, 문과 창문, 지붕의 모양 등을 참고해서 정면 입면도를 그려 보세요.

> 만약 아파트를 떠올렸다면, 아파트 전체의 정면을 그려도 좋아요. 그리고 내가 살고 싶은 집이 있는 층에 따로 표시를 해 보세요.

연습 ㉓ : 소감 적기

대지 계획, 평면도, 단면도, 입면도를 그리면서 미래의 내가 어떤 공간에 살며 어떤 생활을 하고 있을지 잠시 상상해 볼 수 있었을 거예요. 각 그림을 그리면서 어떤 생각이 들었나요? 어떤 점이 어려웠나요? 처음에 생각한 집의 모습과 달라진 점도 있나요?
아래 빈칸에 생각을 자유롭게 써 보세요.

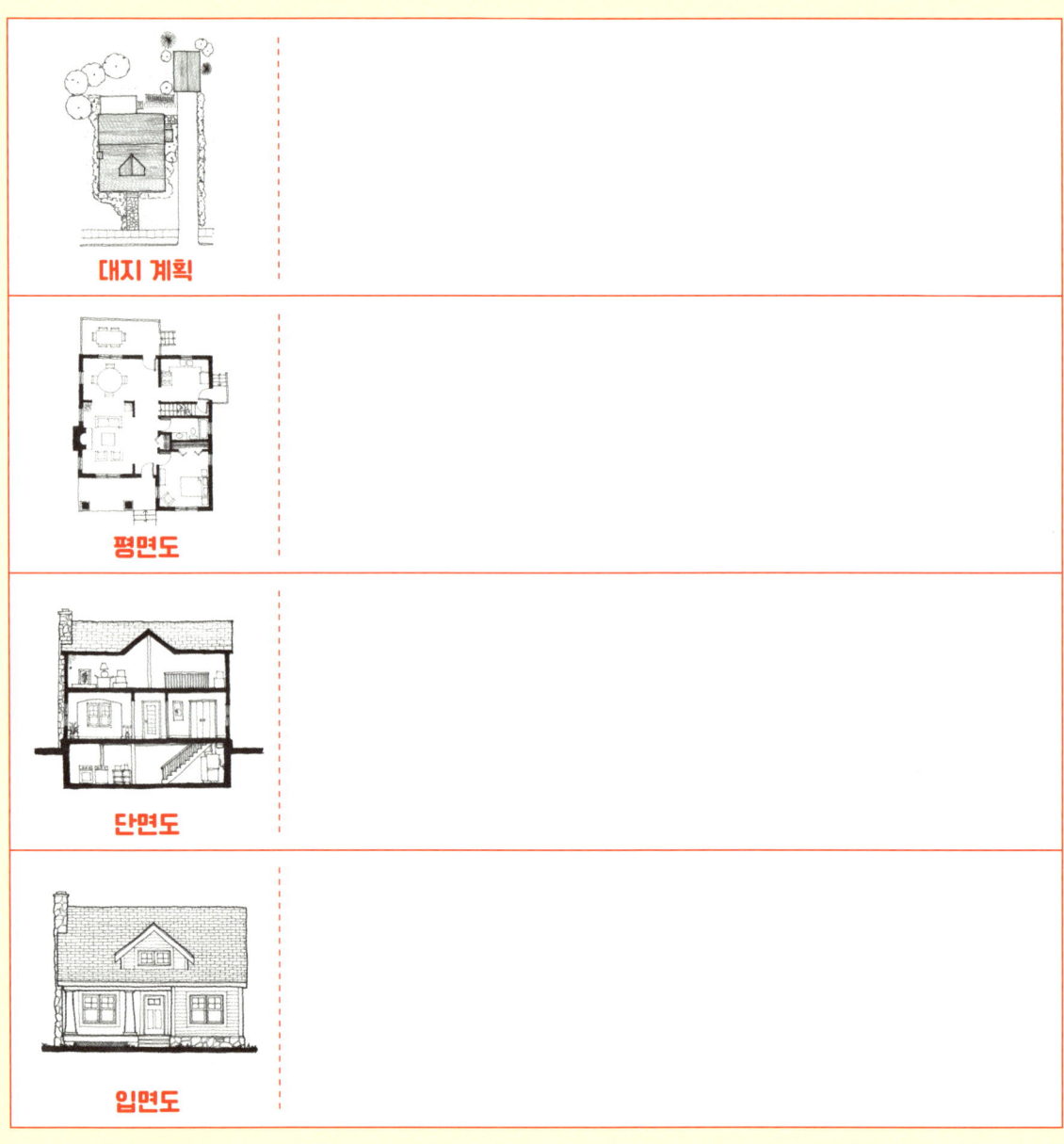

지금까지 여러분은 자신이 살아갈 공간을 그림을 그리면서 떠올려 보았어요. 어떤가요? 내가 살고 싶은 집의 모습이 좀 더 선명해졌나요?
내가 살고 싶은 공간을 떠올리는 일은 내가 어떤 옷을 입고 싶은지를 정하는 일과 비슷해요. 하지만 그보다는 좀 더 중요한 일이지요. 여러분의 꿈은 무엇인가요? 어떤 직업을 갖고 싶은가요? 미래의 나는 어떤 모습으로 어떤 공간에서 살아가게 될까요? 살고 싶은 공간을 떠올리는 일은, 더 나은 삶을 꿈꾸는 일과 비슷하답니다. 여러분이 꿈꾸는 미래가 더 선명하게 다가왔기를 바랄게요!

살고 싶은 집을 떠올리다.

_____년 ____월 ____일

이름 : _____